20世纪中国教育家画传
主编：储朝晖

WANG GUOWEI HUAZHUAN

王国维画传

窦忠如 著

四川教育出版社

图书在版编目（CIP）数据

王国维画传 / 窦忠如著. —成都：四川教育出版社，2013.7

（20世纪中国教育家画传 / 储朝晖主编）

ISBN 978-7-5408-6320-3

Ⅰ.①王… Ⅱ.①窦… Ⅲ.①王国维（1877~1927）-传记-画册 Ⅳ.①K825.4-64

中国版本图书馆CIP数据核字（2013）第137016号

责任编辑	郑　鸿　李　涛
封面设计	何一兵
版式设计	王　凌　张　涛
责任校对	伍登富
责任印制	田东洋
出版发行	四川教育出版社
地　　址	四川省成都市锦江区三色路266号
邮政编码	610023
网　　址	www.chuanjiaoshe.com
印　　刷	北京市兆成印刷有限责任公司
制　　作	四川胜翔数码印务设计有限公司
版　　次	2013年6月第1版
印　　次	2022年4月第2次印刷
成品规格	170mm×230mm
印　　张	14.25
书　　号	ISBN 978-7-5408-6320-3
定　　价	45.00元

如发现印装质量问题，请与本社调换。电话：（028）86259359
营销电话：15208205647　　　邮购电话：（028）86259605
编辑部电话：15884467278

总 序

2007年3月5日,温家宝总理在第十届全国人大第五次会议的《政府工作报告》中郑重宣布:要提倡教育家办学。这个问题的提出显示出中国急需教育家却又缺少教育家。《国家中长期教育改革和发展规划纲要(2010~2020年)》更明确提出:"造就一批教育家,倡导教育家办学。"

然而,现今即使是专门从事教育工作的人,对怎样才是真正的教育家却也没有清晰的认识。为解决这一问题,中央教育科学研究所研究员储朝晖与时任四川教育出版社社长安庆国在编写一套《20世纪中国教育家画传》丛书的想法上不谋而合,这对传承、传播中国20世纪教育家的办学理念,弘扬其教育精神和优秀思想,促进教育家办学的早日全面实现十分有益,也十分必要。

这套丛书所选择的十位传主是经过教育史专业的学者海选而产生的,他们是王国维、蔡元培、陶行知、张伯苓、胡适、梅贻琦、黄炎培、徐特立、陈鹤琴、晏阳初,我认为他们确实代表了20世纪对中国教育有巨大影响的教育家群体。

这套丛书突出传主的教育思想、办学理念、办学实践,尤其凸显传主的教育家精神;注重以史料为依据,对传主的教育贡献作客观评价,实事求是,还原历史,避免主观,不做有意拔高;全书插入大量珍贵历史图片,以图文并茂的方式呈现历史画卷，使得丛书具有了较高的学术价值、收藏价值以及观赏性和可读性。同时，丛书主编精心挑选各位传主研究方面的专家担任各分册作者，较好地保证了整套丛书的编写深度和质量。其中黄延复研究梅贻琦、宋恩荣研究晏阳初、梁吉生研究张伯苓、戴永增研究徐特立、金林祥研究黄炎培、储朝晖研究陶行知都有二十多年了。我与储朝晖第一次见面是在1988年，他拿着一封方明的信来找我，正是为了查阅北京师范大学图书馆特藏部的陶行知研究资料。北京大学图书馆研究馆员邹新明研究胡适、西南大学教授谢长法研究黄炎培、陈鹤琴外孙柯小卫研究陈鹤琴、青年传记文学作家窦忠如研究王国维，他们也都是长期从事相关研究的专家学者，堪称黄金组合。这套书将有助于读者更好地领会各位教育家的精神真谛。

希望这样一套难得的好书，能激励有志教育的人成为教育家，切实有效地推动中国的教育家办学进程。

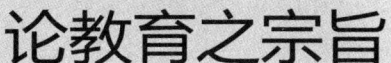

论教育之宗旨

王国维

教育之宗旨何在？在使人为完全之人物而已！何谓完全之人物？谓人之能力，无不发达且调和是也。人之能力分为内外二者，一曰身体之能力，一曰精神之能力。发达其身体，而萎缩其精神，或发达其精神，而罢敝其身体，皆非所谓完全者也。完全之人物，精神与身体，必不可不为调和之发达。而精神之中，又分为三部，知力、感情及意志是也，对此三者而之真美善之理想。真者知力之理想，美者感情之理想，善者意志之理想也。完全之人物，不可不备真美善之三德。欲达此理想，于是教育之事起。教育之事，亦分为三部，知育、德育（即意志）、美育（即情育）是也。如佛教之一派，及希腊罗马之斯多噶派，抑压人之感情，而使其能力专发达于意志之方面。又如近世斯宾塞尔之专重知育，虽非不切中一时之利弊，皆非完全之教育也。完全之教育，不可不备此三者。今试言其大略：

一、知育

人苟欲为完全之人物，不可无内界及外界之知识，而知识之程度之广狭，应时地不同，古代之知识，至近代，而觉其不足；闭关自守时之知识，至万国交通时，而觉其不足。故居今之世者，不可无今世之知识。知识又分为理论与实

003

际二种，溯其发达之次序，则实际之知识，常先于理论之知识，然理论之知识发达后，又为实际之知识之根本也。一科学，如数学物理学化学博物学等，皆所谓理论之知识，至应用物理化学于农工学，应用生理学于医学，应用数学于测绘等，谓之实际之知识。理论之知识，乃人人天性上所要求者，实际之知识，则所以供社会之要求，而维持一生之生活，故知识之教育，实必不可缺者也。

二、道德

然有知识而无道德，则无以得一生之福祉，而保社会之安宁，未得为完全之人物也。夫人之生也为动作也，非为知识也，古今中外之哲人，无不以道德为重于知识者。故古今中外之教育，无不以道德为中心点。盖人人至高之要求，在于福祉，而道德与福祉实有不可离之关系。爱人者人恒爱之，敬人者人恒敬之。不爱敬人者反是。如影之随形、响之随声，其效不可得而诬也。书云：惠迪吉，从逆凶。希腊古贤所倡福德合一论，固为古今中外之公理也。而道德之本原，又由内界出而非外铄我者，□皇而发挥之，此又教育之任也。

三、美育

德育与智育之必要，人人知之，至于美育有不得不一言者。盖人心之动，无不束缚于一己之利害，独美之为物，使人忘一己之利害，而入高尚纯洁之域。此最纯粹之快乐也。孔子言志独与曾点，又谓兴于诗，成于乐。希腊古代之以音乐为普通学之一科，及近世希痕林、敬尔列尔等之重美育学，实非偶然也。要之，美育者，一面使人之感情发达，以美完美之域，一面又为德育与知育之手段，此又教育者所不可不留意也。

然人心之知情意三者，非各自独立，而互相交错者。如人为一事时，知其当为者知也，欲为之者意也，而当其为之前，又有苦乐之情伴之，此三者不可分离而论之也。故教育之时，亦不能加以区别，有一科而兼德育智育者，有一科而兼美育德育者，又有一科而兼此三者，三者并行，而得渐达真善美之理想，又加以身体之训练，斯得为完全之人物，而教育之能事毕矣！

〔本文撰写于光绪三十二年（1906），发表于同年《教育世界》杂志第56卷；转引自《王国维先生全集》（初编第5册），台湾：大通书局1976年版〕

目录 Contents

一 激扬少年郎 科场绝举业 / 001
   出身忠壮门 诗书传家久 / 003
   私塾与家学 铸成少年才 / 007
   折翅于科场 决意别举业 / 011

二 青春多舛日 伯乐多扶携 / 015
   "时务"谋生活 贤者失交臂 / 017
   结识罗振玉 俊才得展露 / 020
   变法激荡中 不废凌云志 / 024
   畅游教育界 哲学辨疑惑 / 027
   师范当教员 苦乐参半中 / 036

三 辗转独自学 跨界任纵横 / 041
   纵论《红楼梦》 开创新学境 / 043
   静庵赋古诗 悲苦显于形 / 050
   "词话"人世间 自夸成绝唱 / 056
   五年京华梦 "生事之累"多 / 072
   史海巧钩沉 戏曲大著述 / 076

四 流亡奔东洋 异域治国学 / 091
   异域忙避风 落魄度日艰 / 093

   回归故国学 "善自命题"忙 / 099
   千年龟甲片 成就罗王学 / 111
   辗转忙归国 罗王互惜别 / 123

五 哈园难就"食" 学人存风骨 / 129
   "学术"大主笔 局促哈同园 / 131
   密韵楼编目 为薪又为学 / 140
   敦煌成显学 观堂发轫功 / 149
   北大多邀请 一文致决裂 / 154

六 京都获荣华 晚景凄仓惶 / 167
   "行走"南书房 种下遗老嫌 / 169
   清华岁月短 导师世称贤 / 175
   罗王生裂隙 莫逆成陌路 / 194
   五秩刚初度 世变扰人心 / 202
   自蹈昆明湖 死因众揣度 / 204

把教育办得更好（代跋） / 213

一　激扬少年郎　科场绝举业

位于浙江省海宁市盐官镇的王国维故居。

在世人印象中，王国维是一个敦厚儒雅的纯粹学者。其实，少年王国维，意气风发，壮怀激烈，对人生和社会满怀憧憬，内心深处更是激荡昂扬，只因生活在"世变"年代，再加上不喜时文绳墨，最终决意告别科举，走上了倡导新学的艰难历程。

出身忠壮门 诗书传家久

南宋年间，远祖王禀与王荀的"勋绩忠烈"之举，成为深埋在幼年王国维心底的忠愤因子，而家学渊源又滋养了他的诗书情怀。

1. 远祖遗风

清光绪三年十月二十九日（1877年12月3日），王国维出生在浙江省海宁县县城（今海宁市盐官镇）双仁巷的王家老院里。这个初名"王国桢"的男婴，是时任江苏省溧阳县县衙幕僚王乃誉之长子，也是王乃誉的亲生父亲及兼祧父亲这两房合一的长孙。

据王国维于民国六年（1917）编撰的《补家谱忠壮公传》记

载，其祖籍河南开封，远祖王禀是宋靖康元年（1126）河东路马步军副都总管。"靖康之难"时，王禀与长子王荀率部在太原阻击金兵，因寡不敌众，最后怀抱宋太宗画像跳入汾河，以身殉国。在临安（今浙江杭州）继位的宋高宗赵构，感念王禀父子忠勇报国，追封王禀为安化郡王，赐谥"忠壮"，王荀为右武大夫、恩州刺史，王禀的次子王庄任枢密院属官，幼子王薿后来也官至浙西总辖。宋建炎四年（1130），宋高宗又召见从青州就扈从自己的王禀长孙王沆，恩准其"袭封前爵"，并降旨在直隶临安府海昌城（盐官）建造安化坊，这就是浙江海宁王氏在此落根绵延之始。

另据《海昌胜志》记载，王沆定居海宁后，在城内、城南、城北分别建有"王氏园"、"清远楼"与"隅园"等。其中"清远楼"是王沆与文士名流雅集观潮之所，也是文天祥曾登临题诗颂扬之地。"隅园"，则因清高宗乾隆皇帝

故居内王国维铜像。

王国维故居内所列家世介绍。

盐官海塘。

曾驻跸而赐名"安澜",遂以此名传扬于世。到王国维出生时,这些胜迹都已毁坏无寻,只有安化王祠对他深具影响。

安化王祠,最初是王氏族人祭祀远祖王禀的家庙,又因王禀深受海宁百姓崇仰,遂逐渐成为官府进行忠烈教化的场所。南宋灭亡后,王氏家庙日渐衰落,海宁人却没有淡忘王禀,于明弘治年间(1488~1505)将其改建为"安化王祠"。王国维出生时,安化王祠几经毁坏与重建,后来移建到海宁城东,并因抗清名士、大学问家黄宗羲之子黄百家撰有《宋安化王祠碑》而声名远播。对于这处记载远祖"勋绩忠烈"的祭祀场所,王国维从小就颇感荣耀,从而奠定了他人生的第一块基石。

除远祖王禀激愤忠勇的武德外,自王沆以降王氏家族在长达近八百年间浸淫诗书文品,为王国维的学人人生又添加了另一块基石。自王沆以降,虽然王氏后裔中除了王沆之子王恕、曾孙王辉分别荣登隆兴元年(1163)和绍熙四年(1193)的进士榜之外,其他全都寂寥无闻,但王国维后来在追述其先人时,依然特别强调其庠生、禀生或国学生的身份,这不难看出他对中国"诗书传家"这一传统家训祖规的看重,也就是说儒学精神是他极为重视的一种人生品性。

2. 战争阴影

光绪十三年(1887),年仅十岁的王国维随家搬迁到新居——周家兜。当他路过当年海宁县城最繁华的陆家牌楼时,后人却为他留下了这样一段文字记忆:"这次搬家使王国维看到了西门外无一人影的瓦砾废墟,好奇地询问,从老人家口中知道了战斗的经过,使其心头笼罩上战争的阴影——恐惧的压抑。"这场战争就是太平天国起义。

不过,王国维这"恐惧的压抑",毕竟来自那场战争过后二十多年的残迹表象与他人的转述。作为亲历者,王国维的父祖们要比他记忆得更加深刻,因为这场战争对于海宁王氏家族而言,简直就是一场不能磨灭的梦魇。自宋建炎四年(1130)王沆定居浙江海宁后,传至王国维高祖王建臣时,已是第二十九代。王建臣生有三子:王淮、王溶、王瀚,长子王淮子嗣兴旺,次子王溶与三子王瀚均为单传。其中,王溶生子王嗣铎,王瀚生子王嗣旦,由于王嗣铎没有子嗣,故王嗣旦所生独子王乃誉兼祧两家,王乃誉就是王国维的父亲。

咸丰十年(1860),太平天国忠王李秀成摧垮清军江南大营后,挥师投入浙江战场,与清军在钱塘江一线展开激烈争夺战。战火迫近海宁,王国维的曾祖王瀚不得不带领儿子王嗣旦与年仅十三岁的孙子王乃誉,逃往上海躲避战祸。在物价昂贵的大上海,举目无亲的王瀚祖孙三人,很快陷入困窘。不久,王瀚与王嗣旦相继亡故,孤贫无依的少年王乃誉,无力安葬祖父与父亲,最后只得"号咷呼吁,丐于亲故以敛"。随后,孤儿王乃誉背起铺盖,辗转于大上海的茶叶店、油漆店等杂货铺帮工谋生。多年后,生计毫无起色的王乃誉随海宁籍杂货铺老板回到海宁硖石镇,依旧在杂货铺里打工度日。再后

来，王乃誉应时任江苏省溧阳县县令的亲戚邀约，出任该县县令幕僚，才开始步入家境渐趋殷实之路。

期间，王乃誉迎娶凌氏为妻，并生有一女王蕴玉，家庭生活重担不减，再加上还要赡养兼祧父亲王嗣铎，他依然要外出谋事养家。在王国维出生两年后，由于妻子凌氏中道而逝，王乃誉只好将年幼长女王蕴玉和牙牙学语的长子王国维，托付给亲友照管。七八年后，王乃誉续娶本乡叶砚耕先生之女为妻，双仁巷王家老宅也翻盖一新，但他依旧是一个没有品阶的县衙幕僚，依旧要抛妻别子到外乡谋求微薄俸银以养家，直到年近不惑才在周家兜新建一座宽敞宅院（现海宁王国维故居）安居。而就在王乃誉处在事业巅峰和人生黄金阶段时，兼祧父亲王嗣铎不幸病故，妻子叶氏又身怀六甲，他只能按"丁忧"之制，辞去幕僚一职，开始了居家"以课子自娱"的生活。

王乃誉虽居家"以课子自娱"，但对于两岁就失去"母之恃"的王国维而言，因战争而导致的"恐惧的压抑"并没有得到排解，反而养成了他"性忧郁"的品性。

私塾与家学　铸成少年才

忧则生愤，愤而有成。生于忧患的王国维，经过刻板的私塾学习和父亲的严苛家教，逐渐在当地学子中崭露头角，并享有"海宁才子"之誉。

1. 旧学濡染

光绪九年（1883），王国维被祖姑母范氏等亲友送到邻近私塾就学，私

旧日私塾学堂一景。

塾先生是当地庠生（秀才）潘紫贵（字绶昌）。潘先生虽名不出乡里，但为人笃实严谨，教授内容是《三字经》《百家姓》和《千字文》等传统启蒙读物，至于《幼学琼林》和《神童诗》等也是他要求学童朗朗成诵的。熟读背诵这些典籍，原本是年幼学童的苦差事，可对于性情忧郁而喜欢幽静的王国维来说，实在是太合适不过了。

就学私塾几年间，王国维不乏摇头晃脑的死学苦读，但他对父亲王乃誉那"五六箧书"更感兴趣。原来，那"五六箧书"并不是王国维讨厌的《十三经注疏》之类，而是他喜欢的金石、考据、绘画和书法等"课外书"。正是这些"课外书"，在无意中竟引导王国维走上了他后来从事的学问之路。

生于道光二十七年（1847）的王乃誉，字与言，号莼斋，自居家"以课子自娱"后，改字承宰，号娱庐。王乃誉自祖父与父亲亡故后就成了孤儿，在他辗

王国维幼学启蒙模拟场景一。

王国维幼学启蒙模拟场景二。

转上海与海宁当学徒期间，每日闲暇以攻读钻研诗词歌赋与金石书画为乐，这使他与一般帮工学徒有所不同，也因此变得更加机敏而大获老板偏爱。王乃誉的自学精神与不凡悟性，从他流传于世的诗集、游记画论及金石研究等诸多著述中不难看出，诸如《游目录》（十卷）、《画衎》《古钱考》《画粕》《题画诗》《可人》《竹西卧游录》及《娱庐诗集》《娱庐随笔》等等。

对于父亲王乃誉自学成才的经历，王国维曾记述说："（王乃誉）遍游吴越间，得尽窥江南北诸大家之收藏，自宋、元、明、国朝诸家之书画，以至零金残石，苟有所闻，虽其主素不识者，必叩门造访，摩挲竟日以去，由是技益大进。年四十，归，遂不复出。唯一游金陵，一沿桐江，观富春山，登钓台，皆不数月而归。归后，日临帖数千字，间于素纸作画，躬养鱼种竹，以为常课。"王乃誉勤勉的自学精神和广泛的兴趣爱好，对少年王国维产生了极大影响。

不过，兴趣广泛的王乃誉，在教养长子王国维方面，却显得有些刻板教条，甚至是过于严格苛刻。也许是他在官场上见识太丰富复杂，也许是他望子成龙的心太切太甚，也许是因他自视太高而对王国维的要求也太过完美，反正自居家"以课子自娱"后，对王国维几无褒奖，只有严厉的苛责与批评。

2. 不废新知

王乃誉居家"以课子自娱"的唯一心思，就是希望王国维在科举道路上获取成功。因此，在王国维入学私塾不久，王乃誉就为他择了一位名师——陈寿田。新型知识分子陈寿田先生，曾在京城同文馆师从中国近代著名科学家李善兰。出生于嘉庆十五年（1810）的李善兰，是中国继明徐光启之后，以翻译介绍西方数学与天文学而著称的大科学家。早在咸丰元年（1851），他就在上海与英国传教士伟烈亚力，共同翻译了《几何原本》和《谈天》等西方近代科学书籍。其中，尤以介绍哥白尼太阳中心说及牛顿古典力学的《谈天》一书,而被国人视为"异人"。同治年间,"异人"李善兰以三品户部郎中、总理衙门章京之职,就任京师同文馆天文算学教习。

作为清朝最早洋务学堂之一的同文馆,主要为了培养外务翻译人才,而担任教习的多是外国人,像李善兰这样精通西方科学文化的中国教习,较为少见。同文馆设置课程广泛,主要是近代西方先进的人文自然科学,诸如算学、天文、物理、医学、生理、法律、历史、地理等,还开设有英语、法语和俄语等课程,这对当时陈腐保守的中国学界来说,就像一股新鲜而强劲的晨风,猛然吹开了紧闭多年的老屋门扉一样,使憋屈的中国知识分子顿感无比振奋。于是,有识之士都以能进入同文馆就学为第一要务,但能就读其中者毕竟是少数中的少数,而浙江海宁的陈寿田就是其一。

陈寿田是幸运的。刚接受启蒙教育的王国维也是幸运的,因为他在接受知识的最佳年龄段,得以师承陈寿田这样的名师。当然,王国维的幸运,还源于他有一个严苛又开明的父亲,否则他还在儒生潘紫贵先生那所私塾里,继续接受着绵延千年且已变得腐旧僵化的应试教育呢。虽然父亲让王国维转学于陈寿田门下,同样是为了科举,同样要学习那些应试的八股文体,但西学的种子就此植进了幼年王国维的心田,为他后来成为学贯中西的学术巨人奠定了基础。

折翅于科场 决意别举业

科举路上,少年王国维先扬后抑,再加上新学倡行,使他逐渐对科举及第失去兴致,最终绝意科场,走上了独学之路。

1. 科场初试

在师承陈寿田的几年间，王国维除了得到西学启蒙外，主要任务是遵照父亲意愿攻读应试典籍。这时，父亲王乃誉就像是张弓搭箭瞄准围场中一只白鹿的猎人，由于自身臂力不足而未能射中后，便将儿子王国维当作一支新箭，正搭在将要拉开的弓弦上，或者说儿子王国维是他重点培养的新一代猎手，反正目标只有一个——科举及第。

光绪十七年（1891），在名师和严父长达九个寒暑的严苛教授下，王国维在县试和州试中顺利过关。特别是在州试中竟以全海宁州第六十名而晋级，从而获得进入州学就学的资格，成为海宁州州学的一名生员，也就是一名秀才了。不过，人们津津乐道的是王国维在府试前的一次预考——岁考的结果，即王乃誉在光绪十八年（1892）三月十一日的日记中所说"出之桥，陈四云案出，静儿（王国维）在后挈健儿（王国维之弟王国华，字健安，后改哲安）之州前看图，喜名在第三图"。

顺利通过县试、州试和府试的资格考——岁考之后，王国维这个年仅十六岁的"童生"，声名鹊起，遂与陈守谦、叶宜春、褚嘉猷被当地民众誉为"海宁四才子"，而王国维当推第一。因此，父亲王乃誉对王国维来年在杭州参加府试满怀期待。

2. 才子失意

光绪十八年（1892）四月，才子王国维意气风发地前往杭州参加府试，这是他第一次离开海宁来到杭州。站在江南名邑杭州城华美的街市上，王国维以羡慕的心情浏览眼前的一切，特别是官家那轰轰驶过的威武车轿，使他产

生了一种莫名的向往与渴慕。不过,杭州城虽美不胜收,可王国维在府试中的成绩却不尽如人意。具体情形,如今只能从父亲王乃誉的日记中获知点滴:

"静儿杭回,知考而未取。自不思振作用功于平日,妄意自为无敌,及至临场数蹶,有弃甲曳兵之象,尚何怼于有司之不明,实愚而好自用也!"

光绪十九年(1893)七月,王国维又经过一年多的进一步学习,再次前往杭州参加恩科考试。关于这次恩科考试的情形,与王国维"相偕"赴杭州应试的"海宁四才子"之一陈守谦,后来这样记述说:"君于学不沾沾于章句,尤不屑就时文绳墨,故癸巳大比,虽相偕入闱,不终场而归,以是知君之无意科名也。"对于王国维这次参加科考竟以"不终场而归"的做法,父亲王乃誉没有像第一次那样表现得极为愤怒,而是在无可奈何中为儿子想到了科举及第的另一条捷径——进入杭州崇文书院就读。原来,在清朝科举制度中有一种变通的方法,即府试未通过者,如能考进官设书院就学并肄业的话,便可免除府试和院试,而直接参加乡试。而这时,对时文绳墨已失兴致的王国维,对崇文书院主要教授八股的传习,根本没什么兴趣,再加上书院各项费用开支较大等原因,不久他便离开书院回到了海宁老家。

不过,因为王国维已有崇文书院生员的晋升之阶,父亲王乃誉还是希望他能通过科举考试谋取功名,因为光绪二十年(1894)是清政府规定的三年一次的乡试年。遗憾的是,这一年实在是大清帝国的多事之秋,其中一事就是震惊中外的甲午海战,而这场战争对王国维的直接影响,便是失去难得的乡试机会。

3. 绝意举业

科场失意的少年才子王国维,回到海宁后一边关注时局,一边充任私塾先生,以获取微薄薪水补贴家用。因为自父亲王乃誉辞掉幕僚工作后,家中除正常日用及王国维与王国华兄弟俩读书等开销外，姐姐王蕴玉出嫁时也花了一笔陪嫁钱，这让王乃誉感到了家庭经济的支绌。

更让王乃誉伤神的是，儿子王国维因为热衷新学而对科举毫无兴趣，又因当时国内掀起留学热，王国维一心想到国外留学，可由于家境不济而难以如愿，导致他心情郁闷，整日不思私塾教职。王国维的这种心境，让父亲王乃誉既感担忧又很无奈，但他依然没有放弃让儿子参加科考的最初想法。

为了缓解王国维的苦闷心情，父亲王乃誉为儿子选择了一门亲事，并"将□熙门之产售去"，换得一千余元以作王国维结婚之用。光绪二十二年（1896）十一月二十八日，王国维与同邑商户莫寅生之女莫氏成婚。婚后，王国维在同乡陈汝桢（字枚肃）家充任私塾先生的同时，还按照父亲意愿准备着来年的乡试。这样的日子过了近一年后，王国维在父亲催迫下于光绪二十三年（1897）九月再次来到杭州参加乡试。随着这次的乡试不第，王国维从此彻底断绝了科举念头。

出洋留学不成，科举仕途不畅。已经成婚的王国维辗转几家私塾任教后，不得不奔赴上海开始他艰难的谋生征程。

二　青春多舛日　伯乐多扶携

老上海。

北上上海谋生的王国维，可谓青春多舛，直到偶遇伯乐罗振玉，才在他的扶携下开始真正踏上追求新学、探索新知的正途。

"时务"谋生活　贤者失交臂

前往上海谋生的王国维，其实是被维新名士、《时务报》主笔的梁启超所吸引。遗憾的是，当王国维追寻大师而来时，梁启超却因故离开了《时务报》馆……

1. 北上上海

光绪二十四年（1898）二月十三日，过年气氛依然流淌在浙江海宁的街巷间，但王乃誉与王国维父子俩却要打点行装出门了。

王国维北上上海"谋生"的地点，是当时中国维新思想的前沿阵地——时务报馆。创刊于光绪二十二年（1896）八月九日的《时务报》，是根据"南海圣人"康有为的统筹策划，由维新干将黄遵宪与汪康年等利用强学会剩余经费及社会募捐，在上海创办的一份专门宣传维新思想的旬刊。在《时务报》创刊前，康有

康有为。

青年梁启超。

为的得意弟子梁启超受命来到上海担任该报主笔,从而使《时务报》迅速成长为当时众多新学报刊之翘楚,由此也使梁启超更加声名卓著。

早在光绪二十年(1894),王国维就开始接触并矢志追求新学,"每思自奋","但以家贫,不能游学"。对此,王国维常常"居恒怏怏",但并没有放弃对新学的追求,而是到处搜求新学报刊以自学。特别是当时由梁启超担任主笔的《时务报》,他更是从创刊号开始,每期必读,有一次竟携带"四十五六册"归家后挑灯阅读。

如今,王国维虽然是因为在时务报馆任书记的同学许家惺有事返乡,而得以替代他前来上海时务报馆就职,但是内因则是由于他仰慕梁启超及由其主笔的《时务报》而来。遗憾的是,当王国维热切地赶往上海时,梁启超却已因故离开报馆,前往湖南时务学堂担任中文总教习去了。

2. 艰难谋生

光绪二十四年(1898)元宵节前,王国维在父亲王乃誉的陪护下来到时务报馆,报馆经理汪康年和汪诒年兄弟俩热情地接待了他们。随后,父亲王乃誉将自己多年在外谋生的教益向儿子再三叮嘱,便返回了海宁老家。从此,王国维开始了艰辛的独自谋生历程。

在时务报馆里,按照先前与"导夫先路"许家惺之约,王国维替代其书记之职。而事实上,王国维不仅要做抄写、校对等书记的工作,还兼做报馆门房收发信件和接待来客等杂事。在这期间,王国维得以师从"康门弟子"欧榘甲,并有幸拜见了当时国人极为仰慕的"康圣人"——康有为。遗憾的是,儒雅谦和的欧榘甲随后也辞职到长沙与梁启超共同任教于时务学堂。这让王国维失去了报馆唯一可以倾心交流的良师益友,再加上汪氏兄弟将报馆诸多冗杂琐碎俗务全交由倾心新学的王国维处理,这使本想致力于新学追求的他,逐渐产生了离开时务报馆的念头。对此,父亲王乃誉再次写信予以劝诫:

汝此出以家累身世计为第一义,然此中明师益友相接,汝其择事之。所谓增长气识,潜浚心智,不当以些小之不适,而泮涣向意。所陈搬入总理房,人杂事冗,势所然也,特汝性不近此,正亦为念……如能勉志相习,处一二月亦能相安。

按照父亲王乃誉的教诲,王国维忍耐了两个月后,又因为薪水缘故与汪氏兄弟产生了嫌隙。原来,按照替代同学许家惺任报馆书记一职而言,王国维认为其薪水应该与许家惺一样是每月二十元,而账房先生仅按每月十二元为其结算,这让王国维感到既惊讶又气愤。于是,王国维在与账房先生争辩无果后,便写信向"导夫先路"许家惺详细诉说道:

今日账房戴恺翁致送正二月薪水,除阁下还仲阁先生六元,及阁下年底赏项一元,弟支过六元外,仅洋十一元。弟不胜惊异,诘以何故?伊云,阁下确系每月二十元,弟则每月十二元。弟当时唯唯。惟念阁下与弟所办之事因属不殊,况弟系为阁下代庖,原与一人无异,何以前后多寡悬殊若此?即使弟办事或有不妥,亦应函告足下,申明当酌减之处,弟亦可以自定去留,未有追减前月薪水者!

对此，老同学许家惺也感到报馆这种做法确实对王国维不公，遂写信向汪氏兄弟予以说明。不料，汪氏兄弟不仅没有为王国维追加薪水，反而在给许家惺的回信中将王国维数落了一番，诸如王国维不善办事、待人处世不周等等。当王国维从许家惺处得到这样的信息反馈后，性格木讷、不善言辞的王国维不仅没有据理力争，反而遵照父亲以忍让为先的教诲向许家惺复信，以表达老同学对他"不督过而惠全之"的感激。

这就是"老实如火腿般的"学者王国维！

结识罗振玉　俊才得展露

王国维就职时务报馆期间，偶然结识中国近代又一位学术大师——罗振玉，从而开启了他生活和学术研究的新路程。

1. 偶遇伯乐

同治五年（1866）六月二十八日出生在江苏淮安的罗振玉，乳名玉麟，初名宝钰，后改振钰字式如，又改振玉字叔蕴，号雪堂，晚号贞松老人，因其祖籍在浙江上虞永丰乡，遂自称永丰乡人，是中国近代著名的学术大师，也是王国维在时务报馆偶识的人生和学问伯乐。

关于王国维与罗振玉偶识之事，陈鸿祥先生表述说："那时，罗振玉是时务报馆的常客，他的书信，亦多由时务报馆转达，故他不但经常与汪康年兄弟往来，并且会与做着时务报馆门房和收发的王国维见面交谈，乃在情理之中。"这是陈鸿祥先生的揣测。不过，陈鸿祥先生随后在其著作中例举了刘鹗之孙、罗振玉之外孙刘蕙孙先生，于民国二十四年（1935）11月5日发表在上海《人世间》杂志上及收录在1990年由华东师范大学出版的《王国维学术研究论集》中的两篇回忆文章，作为其揣测的佐证。因陈鸿祥先生在例举中不乏考证，为尊重其劳动成果，特引录如下：

证言之一：刘先生回忆说，罗雪堂（振玉）在上海办农报馆，王国维同乡许某（即许家惺）荐他去时务报馆当校对，进馆以后许某又嫉才抑制他。一天，雪堂到报馆，听见有人在读《庄子》，音节苍凉，大奇。再一看，原来是这位校对先生，于是和先生谈了一会，先生又献其平日所为文章，雪堂先生大加赏识，静安从此遂受业罗门弟子。

青年罗振玉。

陈鸿祥先生还补充说："这是刘先生在20世纪30年代中期写的，距王国维去世仅七八年，并说当他写此文时，'尚有一些顾虑'，有些事没有写。于是，事隔半个多世纪之后，他本人去世前数年（1987），又补写第二个回忆。"即：

证言之二：刘先生说，1930年夏我去旅顺罗家时，一天晚上雪堂先生和我说：他和静安先生相识，是某年正月初二，去汪穰卿（康年）的时务报馆拜年。进门以后，阒然无人，一直走到楼上，见一个小房间里有一个人，桌上放着一包花生，摊着一本书在自斟自酌，不觉有点奇怪，就走进房去。一看，原来读的是《文选·两都赋》，斟的是绍兴酒。益觉得奇怪，就进而问讯，其人也起身让座，才知是《时务报》的校对员海宁王静安。坐下攀谈，觉其人才华学养都不平凡。就劝王去南洋公学读书，说王有个秀才功名，可以进师范班。自己是公学监督，可以为力。静安说：奈生计何！因他每月工资才三十元。雪堂就说："你去读书，我农学报馆给你挂个名，闲时给《农学报》写点东西。每月工资四十元，则家用及本人生活都可以维持了。"静安先生就这样入了南洋公学东文班。

就这样，在时务报馆"成骑虎之势"的王国维，在偶识伯乐罗振玉后，便得以就读东文学社，从而为他打开了一扇追求新学的明窗。

2. 就学东文社

光绪二十一年（1895），罗振玉痛感甲午海战反映出中国贫弱之状，又在康、梁"公车上书"要求变法的激励下，积极联络友人准备在淮安创办"淮安西学书院"，意在培养西学人才以振兴中国。后来，罗振玉这一设想因未能得到地方当局的支持而流产，但他向心西学的志向并没有气馁或改变，而是于第二年前往上海创办学农社，并创办了中国近代第一份农学杂志——《农学报》。

在此过程中，罗振玉因报馆缺乏精通外文的翻译人才，遂聘请毕业于日本东京文科大学汉学科的藤田丰八（字剑峰）为译员。藤田剑峰受聘后，学农社遂成为中国新学人才和日本学者聚集交流的中心，《农学报》也由半月刊改为旬刊，社会效益和经济效益大为增加。不过，罗振玉明白学农社和《农学报》仅靠藤田剑峰一人，是难以实现他创办集翻译、办报、出版和发行为一体的农业"托拉斯"之宏愿。于是，对罗振玉深表理解和赞赏的藤田剑峰，便建议罗振玉开办一所属于自己的日语学校,为学农社和《农学报》培养急需的日语翻译人才。

为使东文学社顺利创办起来,罗振玉与学农社的最初加盟者邱宪(字于藩,又字菘生,号啬庵)、蒋黼(字觐宸,后改字伯斧)等好友积极进行筹划,并与时务报馆总经理汪康年商量合作,因《时务报》也急需译介日文报刊人员而一筹不展。于是,由罗振玉和以上三位及江苏溧阳热心新学的狄葆贤五人共同发起的东文学社,于光绪二十四年(1898)初正式创办了。

根据创办者最初约定,参与创办各方(实际上只有罗振玉的学农社和汪康年的《时务报》两方)所属人员中的贫困生可免除学费,但学员必须为各方机构提供服务。例如,王国维入学东文学社就应该为时务报馆工作。因此,王国维在进入东文学社学习日语的同时,也就只能忍气吞声地接受《时务报》馆汪氏兄弟之苛责,这就是他给同学许家惺写信中提到的"现在弟学东文,势难间断,已成骑虎之势,馆中可谓计之得矣"一句无奈之语。而王国维入读东文学社学习日语后,由于他那一口难懂的海宁地方官话,实在不利于学习本来就拗口的日本话,致使他在当年五月考试中不及格。为了帮助王国维顺利完成东文学社学业,罗振玉特许王国维留在东文学社继续学业。

中国近代第一份农学杂志《农学报》。

王国维因何能得到罗振玉如此的垂爱呢？据说，罗振玉知遇王国维实在是一个偶然，而偶然的起因仅仅是一首诗，一首王国维写在东文学社同学扇面上的《咏史》诗：

西域纵横尽百城，张陈远略逊甘英。
千秋壮观君知否？黑海东头望大秦。

罗振玉偶然得见这首诗时，对其中"千秋壮观君知否？黑海东头望大秦"两句极为欣赏，遂特意将王国维找到办公室详谈。这次深谈，使罗振玉深刻感受到王国维的文史功底和远大志向，也进一步获知了王国维的家境及当时所处的艰难境况。于是，罗振玉当即免除王国维在东文学社的一切费用，并让其参与管理东文学社事务，使其在获得一份薪水解决困境的同时，也得以安心顺利地完成学业。

变法激荡中　不废凌云志

维新变法，使心向新学的王国维先是激荡满怀，继而扼腕浩叹，但是作为热血青年的他，并不曾废弃"千秋壮观"之志。

1. 问天之慨

由康、梁倡导的维新变法，以光绪二十四年（1898）六月十日颁行《明定国是诏》为启动标志，至同年九月十八日颁布《上谕档》，限定光绪皇帝此后处理一切政务"均鉴拟办法，恭呈慈鉴，俟发下后，再行办理"，再到三天后光绪皇帝被囚禁中南海瀛台为止,轰轰烈烈的"戊戌变法"宣告失败。当这一消息传来时,倾向维新的热血青年王国维"颇有扼腕、槌胸、搔首问天之慨"。

其实,对于康、梁倡导实施的这场变法,王国维在此前三个多月就作出了预言:"常谓此刻欲望在上者变法,万万不能,唯有百姓竭力做去,做到一分就算一分。"不过,当康、梁正式发动变法时,还是给王国维带来了一种振奋和疑虑。诸如他对朝廷颁布废八股、开特科、裁冗员和改武备等条款表示欢迎,而对罢黜积极支持维新变法的朝廷大员帝师翁同龢而调用直隶总督王文韶一事又感到心中疑惑。对此,王国维在写给同学许家惺的信中说:"连日读上谕,均有怵惕振厉之意。又常熟(翁同龢)罢相,实非意料,足为天下庆幸,但去翁而召王(王文韶),一间耳。"由于"戊戌变法"风云莫测,这让王国维隐隐有些担忧,而这种担忧终于在103天之后得以验证。

期间,王国维因为腿患"鹤膝风"病症,不得不回到海宁老家治疗休养。同时,他也避免了搅入时务报馆内部的一场"争报"风波。只是,人生于天地凡俗之间,悲愤痛楚之事不可预料,因为出生仅两个多月的长女竟于同年八月八日夭折了。这让王国维夫妇在很长一段时间内陷入丧女之痛中不能自拔。然而,除了悲愤、感慨和痛楚之外,王国维还要继续生存下去。于是,同年十一月二十九日王国维再次离开家乡前往上海,而这次到上海"谋生"又是得益于一直关注他的罗振玉之扶助。

2. 重返东文社

在王国维回海宁治疗腿病前,罗振玉将学农社事务交给蒋黼和藤田剑峰管理,自己则回到江苏淮安看望年迈父母去了。

这期间,"戊戌变法"如火如荼,因创办学农社名列维新名士的罗振玉,却安坐家乡老宅。变法失败后，诸多倡导维新的社团、学会和报刊被强行取缔，临时主持《农学报》的蒋黼见状，也主动将报馆关闭了。这时，罗振玉不顾亲手创办并受到光绪皇帝赞誉的维新会社——学农社惹祸上身，义无反顾地从江苏淮安返回上海，直接投书两江总督刘坤一，请求将学农社和《农学报》等交由上海农工商局主办。而刘坤一这位深得慈禧太后器重的封疆大吏，不仅没有解散学农社、接管《农学报》，反而鼓励罗振玉要打开学农社大门，广泛开展交流活动，并责成上海道拨款两千元扶持罗振玉继续创办《农学报》。得到地方当局大力支持的罗振玉，又自筹资金将汪康年和蒋黼等从中脱离的东文学社重新开办起来，并邀请王国维担任东文学社庶务。这就是王国维重返上海的缘故。

期间，王国维的日语水平有了长足进步，并结识了诸多日本籍学者友人，特别是一位名叫田冈云岭的日籍教员，成为引导他进入西方哲学堂奥的引路人。不过，当时由于"文字暌隔"，王国维虽然"心甚喜之"，却只能留下"自以为终身无读二氏之书之日矣"的遗憾！所幸的是，东文学社随即开设了英文等外语课程，使王国维逐渐读懂并接受了康德和叔本华的哲学观点，并由此奠定了他悲剧性格的哲学基础。

3. 短暂留洋

光绪二十六年（1900）初，王国维从时任杭州知府幕僚的好友高啸桐处得知，浙江将开设官费"出洋考试"。三月，王国维在罗振玉的支持下，来到杭州准备参加这场"出洋考试"。不曾想，这次"出洋考试"因抚台大人"老眊善忘，考验须迟"，王国维只好先回海宁等候消息。

期间，爆发了震惊中外的"庚子事变"，致使王国维出洋留学就此搁浅，罗振玉的东文学社也提前结束了它的历史使命。这年秋天，王国维被罗振玉安排住在自己家中，一边帮他办理《农学报》，一边等候留学时机的到来。鉴于当时中国与西方各国之局势，罗振玉建议王国维先到日本留学比较可行，并表示愿意提供留学东洋的一切费用。

就在这时，罗振玉接受湖广总督张之洞的邀请，前往武昌担任湖北农务局总理兼农务学堂监督。与此同时，辛丑年春节也为时不远，王国维接到藤田剑峰从日本写来的信件，说他已为王国维留学日本联系好学校，并准备亲自到上海来帮助他办理前往日本的相关事宜。光绪二十七年（1901）二月九日，王国维登上日本三菱公司的"博爱丸"号轮船，踏上了他梦想多年的出洋留学之路。

到达日本后，王国维接受藤田剑峰的建议，进入东京物理学校就读。在这里，王国维很珍惜来之不易的学习机会，将白天时间安排得十分紧凑，就连晚上也不肯浪费。不过，属于理工科的物理学等课程还是给王国维带了麻烦，学习效果并不是很理想。这让王国维的心里很着急，从而导致他的腿病复发，不得不于同年六月二十六日提前回国。

王国维虽然在日本总共只学习了四个多月，不能算是学有所成，但眼界却比以前更开阔了，思路比以前更清晰了，追求也比以前更加深远宏大。那么，回到浙江海宁治疗腿病的王国维，今后将何去何从呢？

畅游教育界　哲学辨疑惑

在海宁治疗腿病的王国维，时刻关注着中国的教育改革，当老友罗振玉顺应时代潮流，在上海创办中国第一份教育专业杂志——《教育世界》时，他携西哲理念应邀加盟，使其"前卫"的教育思想得以畅游其中，并迅速成长为蜚声海内的教育名流,就此奠定了他作为中国近代教育改革先行者的历史地位。

1. 倾心教育

王国维教育思想的体现,是从编撰学堂教材开始的。

光绪二十七年(1901)中秋节前夕,王国维接受罗振玉之邀,前往武昌担任农务学堂的"译授"。不料,农务学堂教学事务虽然简单,但是其间人际关系较为复杂,所以罗振玉和王国维的心思依然留在上海,留在《农学报》和刚创办的《教育世界》这两份杂志上。对于《教育世界》,王国维赞同罗振玉提出的"方今世界公理,不出四语,曰'优胜绌败'。今中国处此列雄竞争之世,欲图自存,安得不于教育之意乎"这一创刊宗旨,并在创刊不久便将留学日本期间翻译的立花铣三郎所著《教育学》分期连载其上。既然罗振玉与王国维的心思不在农务学堂,那么他们就把主要精力投入到上海方面来了。

在这期间,王国维按照罗振玉的提议,编撰中小学堂教材,翻译日本学者的《日本地理志》《算术条目及教授法》及《法学通论》等书刊,而这都是中高等师范学堂的教育用书。同时,王国维因在《教育世界》上发表一系列关于教育改革的文章,引起了上海南洋公学创办者盛宣怀的瞩目,遂于当年十一月向王国维发出了到南洋公学任教的邀请。不过,王国维当时正协助罗振玉主编《教育世界》,且主要精力放在编撰中小学堂教材和为杂志翻译文章方面,故他婉言谢绝了盛宣怀的邀请。

两个月后,罗振玉辞去武昌农务学堂监督之职,受张之洞派遣带领湖广两地部分教育人士前往日本考察。罗振玉走后,王国维也从武昌经上海,返回海宁过春节。节后,罗振玉就任南洋公学东文学堂监督,王国维也来到南洋公学任职。接着,王国维以南洋公学东文学堂"执事"身份,前往日本聘请日文翻译人才，因为这时罗振玉既是南洋公学东文学堂的监督，又被张之洞委派协助办理江楚编译局事务，而江楚编译局严重缺乏日文翻译，故特派熟悉日本情况的王国维东渡日本。

在日本近两个月的考察中，王国维虽没能为江楚编译局请来"译手"，却对日本近年来翻译西方书刊的情况有了深入了解，特别是通过西书翻译对日本政治经济等方面的发展所产生的重大影响，使他深切感受到学习西方先进思想文化的重要性。这为他随后大量翻译西方教育和哲学名著提供了强劲动力。

光绪二十七年（1901），王国维翻译了日本立花铣三郎编著的《教育学》，这是引进中国的第一本全文翻译的《教育学》。光绪三十一年（1905），他编著了一本合辑的《教育学》的概要，这是国人编著的第一本《教育学》。这两个"第一"是奠定他足以名垂中国教育学史册的基础。

光绪二十八年（1902）七月，王国维从日本归来，而此时罗振玉已将目光转向"兴办地方教育"方面，对南洋公学东文学堂监督和江楚编译局协办这种虚位失去兴趣，故没有问询王国维到日本聘请"译手"一事，而是与其商量他们一直以来坚持的外文书刊翻译之事，只不过将原先注重翻译农学书刊转向了教育方面而已。

王国维像，刊于《教育世界》第一百二十九号。

《哲学丛书》初集本《哲学概论》。

2. 浸淫哲学

早在两年前,罗振玉就了解到王国维对西方哲学颇感兴趣,而今他从日本回国时,更是自费购买了大量西方原版哲学书籍,使其思想和见解大有新意。于是,罗振玉邀请王国维编译《哲学丛书》,以供《教育世界》刊发。随后,罗振玉前往苏州筹办江苏师范学堂事宜,而王国维则返回海宁老家埋首畅游在西方哲学的海洋里。

确实,早在东文学社时期,王国维就对西方哲学"心甚喜之",如今更是立志"从事于哲学"研究。对此,王国维在《三十自序》中记述说:"自是以后,遂为独学之时代矣。体素羸弱,性复忧郁,人生之问题,日往复于吾前,自是始决从事于哲学。"随后,王国维通过各种途径包括直接从海外邮购了许多哲学书籍,诸如文德尔彭的《哲学史》、巴尔善的《哲学概论》、海甫定的《心理学》、耶芳斯的《逻辑学》和翻尔彭的《社会学》,以及他早已神往的康德之《纯理批评》与叔本华之《意志及表象之世界》等等。

光绪二十八年(1902)盛夏时节,在浙江海宁周家兜一处幽静的青砖灰瓦庭院里,王国维临窗而坐,窗外是滚滚而来的钱塘江潮,窗内则是王国维与西方先哲的心神交流。只见他时而愁眉紧蹙,旋即又舒展胸怀,将深邃目光延伸向浩淼无边的江潮。这时,人们不知道他是在和叔本华交流"意志表象",还是与康德进行着"理性批判"的探讨,抑或是陶醉在文德尔彭、巴尔善、耶芳斯和海甫定等哲人们的精彩论述中。对此,人们今天在王乃誉老人于这年八月二十四日的日记中,

王国维故居可以观潮的窗口。

读到了这样一句话："静之不往，为高乎？抑不惜此区区功名耶？"

就在王国维浸淫在西方先哲深邃奥妙的哲学世界时，他关于哲学和教育学的诸多译著，连续刊登在已引起学界瞩目的《教育世界》杂志上，并得到了教育界人士的普遍关注。同年十月，王国维先后接到京师大学堂和通州（今江苏南通，本书中所指的通州均指江苏南通）师范学堂的邀请，而王国维当时正沉浸在对哲学、心理学和物理学的潜心研习中，不愿放弃这"半途未竟"之研究，故想推迟一两年后再外出就职。后来，王国维经与父亲王乃誉和罗振玉商量后，遂决定就任由张謇创办的通州师范学堂国文和心理学两科教员。

3. 哲学辨惑

经历"戊戌变法"和"庚子事变"后，清政府为了缓和统治阶级严重的内部矛盾，于光绪二十七年（1901）一月二十九日颁行"新政"诏书。在这被历史工作者称为"辛丑变法"的新政中，改革内容涉及政治、经济、军事、外交、民生和教育等诸多方面，但成效最明显的莫过于教育改革。

由于直接推动这场变法特别是教育改革的，是湖广总督张之洞和两江总督刘坤一这两位实力派封疆大吏，所以教育改革迅速在全国范围内得以推行，诸如全国所有书院改为学堂，各省市县务必开设高中小学堂，以普及新式教育等等。不过，正因这场教育改革是由张之洞等表面倾心新学实则守旧的朝廷大员所领导，致使教育改革内容并不彻底，或者换种说法是"新瓶装老酒"而已。如果这是朝廷从改革进程宜于稳妥推进而着眼的话，王国维也许能够理解，但随着张之洞向朝廷递交《陈学务折》，要求从大学堂中删除哲学这一学科，就让已深谙哲学对于人生问题之重要性的王国维不能表示认可了。于是，王国维心中涌起当年"条驳"大学者俞樾《群经平义》时的一股激情，一气呵成撰写了《哲学辨惑》一文，刊发在光绪二十九年（1903）七月《教育世界》的第五十五期上,对张之洞认为哲学是有害无用之学的观点,进行了比较系统的辩驳。

在王国维学术生涯的这第一篇论文中,他从五个方面进行了辩驳:一、哲学非有害之学;二、哲学非无益之学;三、中国现时哲学研究之必要;四、哲学为中国固有之学;五、研究西洋哲学之必要。为了深入透彻地诠释以上论点,王国维根据康德"三大批判"哲学体系中的"知(理性)、情(美学)、意(伦理)"之间关联,对教育的最终目的进行开宗明义的阐释:"教育学者,实不过心理学、伦理学、美学之应用。……今夫人之心意,有知力,有意志,有感情。此三者之理想,曰真曰善曰美。哲学实综合此三者而论其原理者也。教育之宗旨,亦不外造就真善美之人物。故谓教育上之理想,即哲学上之理想,无不可也。"

既然如此,王国维便进一步指出:"试读西洋哲学史、教育史,哲学者而非教育者,有之矣;未有教育学者而不通哲学者也。不通哲学而言教育,与不通物理、化学而言工学,不通生理、解剖而言医学,何以异?"虽然这话语被王国维说得有些犀利,但道理则太浅显不过了。所以,他接着指出中国近代哲学之所以不昌盛的一种原因,并勇敢而睿智地提出了自己的"预言":"且欲通中国哲学,又非通西洋之哲学,不易明也。近世中国哲学之不振,其原因虽繁,然古书之难解,未始非其一端也。苟通西洋之哲学,以治吾中国之哲学,则其所得当不止此。异日昌吾国固有之哲学者,必在深通西洋哲学之人,无疑也。"

在这里,王国维提供给人们的,不单是中西哲学之间的关系,还涵盖"中学"与"西学"的整体关系,也就是近代中国学者提出的"中学为本,西学为用"之辩证。当然,王国维非常明白他之所以强调哲学的重要性,并"非欲使人人为哲学家,又非欲使人人研究哲学",而是认为"专门教育中,哲学一科必与诸学科并立",但"欲养成教育家,则此科万为要"。最后,王国维似乎是在为张之洞等"欲废哲学"者进行开解,他说:"吾国人所以诟病哲学者,实坐不知哲学之性质之故。"然而,正是因为国人"不知哲学之性质之故",王国维更觉得在大学堂开设哲学一科是极为重要的。

4. 教育宗旨

紧接着,王国维在《教育世界》第五十六期上发表了《论教育之宗旨》一文,从正面对当前教育"宗旨"进行了精辟阐述,概括起来就是一句话——造就或培养德、智、美、体的"完全之人物"。

为贯彻这一宗旨,王国维写了大量相关文章,特别是自光绪三十年(1904)三月全面主持《教育世界》编务后,开始对杂志进行了大刀阔斧的改革,并撰写了一系列阐述教育宗旨和积极推动教育改革的文章。比如,在《教育世界》第六十八期上刊发的《本报改章广告》中,王国维明确地表达了办刊宗旨:"一、因诸家精理微言,以供研究;二、载各国良法宏规,以资则效;三、录名人嘉言懿行,以示激动。"经过"改章"后,《教育世界》迅速赢得教育和社会各界的如潮好评,王国维也因此更加展露出他作为中国近代教育改革先行者的卓越见解和"哲学专论者"的非凡哲思。

关于王国维通过《教育世界》杂志阐发的教育思想,大致可以归纳为以下几个方面:

首先,引进西方先进的教育思想,站在哲学高度阐述教育的最终宗旨。在《论教育之宗旨》中,王国维开宗明义提出,教育就是培养"完全之人物"。对此,王国维借用康德"知、情、意"理论,将其总结为"四育",即德育、智育、美育和体育。至于德育,王国维认为:一个人即便学富五车,如果道德败坏,那他不仅不能为人类带来福祉佳音,还会对社会产生更大的危害,所以道德教育应该放在教育的首位,并要慎重地从心灵深处入手,而不是空泛简单的理论灌输。智育,王国维指出不仅仅是要学生掌握丰富的理论知识,还应该注重对学生实际技能的培养,使两者有机结合,相互促进。光绪二十九年(1903),王国维在《论教育之宗旨》中首次提出"美育"的概念,这也是中国教育史上的第一次。王国维在文章指出,教育最理想的境界就是在轻松愉快中学习知识,陶冶情操。

其次,倡导教育改革,探索教育改革的新思路。之所以说王国维是教育改革的先行者,不仅在于他率先提出先进的教育思想,还因为他提出了诸多切中教育时弊的观点,并探索出有针对性的解决方法。例如针对中国当时刚设置高等教育又不知其为何物时,王国维率先在《奏定经学科大学文科大学章程书后》中开列出大学各科科目,使大学堂应设的教学内容有所参照和依据,对当时在这方面还比较模糊的观点予以廓清。例如王国维就大学、中学和小学教育三者间的关系进行辩证论述,认为当前最薄弱的是师资力量,所以创办师范学堂是当务之急,只有在大学堂中先培养大批新型教育人才,才能使中学堂和小学堂真正开办起来。当然,也只有中、小学堂办好了,才能源源不断为大学堂输送人才。对此,王国维认为:"未有小学、中学美善的豫教,不能有美善之大学;小学、中学既美善矣,非有美善之大学,则好学之徒,亦无由以进修高等之学问。"例如,对于大学堂教育最终的定位问题,王国维指出大学堂应是专门研究学问的场所,否则就不能称之为大学,更不可能"以示世界"。王国维之所以看重这一点,还在于他将学问提高到关乎国家昌盛与否的高度,也就是说只有学问昌盛才是一个国家繁盛的标志。而要达到学问昌盛国家繁盛这一目的,王国维睿智地指出:学术应该脱离政治羁绊,成为一种独立、自由之门类,政府更不该沿袭已经沿袭千年的"学而优则仕"的"官本位"思想,以官职爵位引诱学者,使学问的终极目的直抵仕途这一途。对此,王国维在《教育小言十三则》中提醒说:"其表面之嗜好,集中于官之一途,而其里面的意义,则今日道德、学问、实业等皆无价值之证据也。

夫道德、学问、实业皆无价值唯官有价值,则国势之危险,何如矣。"王国维的这些观点,即便是在今天也有着入木三分的警世作用。

第三,积极投身到教育实践中。王国维除了翻译、撰写诸多教育方面的著作和论文外,还先后在罗振玉创办或主持的上海东文学社、武昌农务学堂和南洋公学东文学堂任职,参与其中的教育实践事务。当然,如果将王国维投身教育实践的时间再往前推算的话,还可以举出一则不太为人所知的其倡议创办中国第一所师范学堂未成之事。光绪二十四年(1898),王国维初到上海时务报馆"谋生"时,曾与同学许家惺、张英甫、钱东府等人商量在家乡海宁创办师范学堂,并站在时代前列阐明创办新式学堂的意义,还就筹集资金、选择地址等具体事宜,制订了比较详细的计划。为实现这一设想,王国维直接或间接地向海宁知州和杭州知府提出建议,可惜他当时只是年仅二十一岁且名不出乡里的秀才,这一建议未能得到地方政府的支持而流产。

师范当教员 苦乐参半中

教员王国维,从最初当私塾先生算起,直到他投身颐和园昆明湖为止,可以说贯穿其一生,苦与乐也贯穿其一生。

1. 南通执教

光绪二十九年(1903)四月下旬,王国维应邀来到位于通州三元桥畔的千佛寺,因为这座寺庙已被末代状元张謇改作了师范学堂。

咸丰三年(1853)出生在江苏南通的张謇,字季直,号啬庵。光绪二十年

（1894）春，张謇被光绪皇帝钦点为状元，随即又被授予翰林院编修一职，而他却辞官不就，返回故里创办实业去了。张謇苦读多年却不为仕途之动因，源于他很清楚自己到底需要什么："士大夫所以丧名败检，皆由一进之后，欲退不能，故不能退则不进。"如此看透名位的张謇，返回家乡先后创办了纱厂、铁矿和轮船公司等实业，为振兴中国近代实业特别是轻工业做出了巨大贡献。以状元之身创办实业获得巨大成功的他，对兴办教育事业也十分热心，一生创办了诸多新式学堂，特别是光绪二十九年（1903）创办的中国第一所私立师范学校——通州师范学堂，奠定了他作为中国近代杰出教育家的历史地位。对于这所师范学堂，张謇曾评说道："后人之知中国师范自通州始，必不知道司激成之也。"这里的"司"，即指当时以种种理由阻挠他创办师范学堂的一个地方官员——"藩司"吴重熹。

光绪二十九年（1903）四月二十七日，通州师范学堂开学了。有资料表明，在通州师范学堂任教的，主要是由罗振玉推荐的日本人，中国教员只有王国

通州师范学堂。

维一人,且名列教员首位,由此可见王国维受张謇器重之程度。不过,在教学过程中王国维却并不受学生们欢迎,据当年一位学生回忆说:

著名的近代学家、考证学家王国维,他曾是通州师范初期的教师,在校时间不过半年,教的伦理学和国文。那时他才二十六岁,年龄比一般学生还小,再加所写的讲义多从日文翻译过来,不能像一般古文那样顺眼,因而他在举贡生监出身的学生们眼中,也没有得到尊重。

在近一年的教学过程中,王国维生活得并不如意,就连结束这学年教学工作返回海宁途中,他还遭遇了一件窝心事,致使大病一场。原来,遵照当初签订一年的教学协约,王国维在即将完成这年教学任务时,从罗振玉和藤田剑峰处得知将有一个公派出国留学的机会,遂于光绪三十年(1904)一月二十八日离开了通州师范学堂。不料,就在王国维乘坐"美顺"号轮船从通州返回海宁途经上海,当晚在上海浦东码头提取行李时,才发现行李箱上的锁已经掉落,导致箱内物品散落一地,一些衣物、书籍和临行前张謇所书赠条幅浸水失落,一年来节余的一百元鹰洋薪水也不见踪迹。为追讨丢失的物品,王国维在上海盘桓了十余天,据陈鸿祥先生说"被窃的钱物中有张謇写的条幅,已经索回",至于是向哪一方追讨的,至今没有确切说法。

2. 苏州变故

光绪三十年(1904)春节过后,王国维在海宁并没有等到公派出洋留学的消息,却接到已就任江苏教育顾问的罗振玉的邀请,出任《教育世界》的真正主编。不过,王国维在此前还曾前往苏州,就任江苏师范学堂教员一职,那是他人生中难得的一段黄金时光。

在园林城市苏州，王国维又与罗振玉、藤田剑峰等志同道合的老朋友们一起工作，心情自然是愉悦轻松。作为江苏师范学堂的教员，王国维主要讲授修身、中国历史和中国文学三科。由于有通州师范学堂的前车之鉴，再加上王国维在知识储备和教育思想方面的日渐成熟，特别是他能够站在哲学高度上考虑问题的方法，使他在讲授以上课程时得心应手，也因此很受学生们的欢迎。鉴于王国维的教学能力和成绩，罗振玉及时拔擢他担任中文总教习，使他将自己的学养更充分地传授给学生。不过，一场变故还是让王国维结束了他人生中这一短暂而美好的教学时光，使他不得不于光绪三十一年（1905）十一月离开苏州，离开他的江苏师范学堂讲台和留园，回到海宁老家周家兜的那栋老宅院里。

一九〇五年江苏师范学堂开学合影，第三排左起第六人为王国维。刊于《教育世界》第九十三号。

关于使王国维离开苏州的那场变故，应该从罗振玉和张謇这对老朋友之间的芥蒂说起。原来，以办理教育而遐迩闻名的罗振玉，在新任江苏巡抚端方的特别邀请下，担任江苏教育顾问，主要任务就是创办江苏师范学堂，学堂建成后便出任监督（校长）。不料，在学堂招生问题上，罗振玉拒绝为当地士绅"开后门"，坚持苏州和江淮等地生员一律凭考试成绩录取，这使当地士绅极为不满。随后，当地士绅趁罗振玉返乡料理父亲丧事之机，煽动苏州籍学生驱赶外地生员以激化事端。接着，张謇以江苏教育会会长的名义，在报刊上发表文章，将矛头直指学堂监督罗振玉，指斥他占用学校土地建造私宅。对于这一指斥，远在淮安老家"丁忧"的罗振玉很是气愤，只好向苏州地方当局辩解说，自己建造的私宅在师范学堂围墙之外，并表示说原本为迎养父亲而建造的这座私宅，现在愿意捐献为公所有。同时，罗振玉针对张謇在报刊上发表指斥自己的文章，也在上海报刊刊登了相应的"答辩书"。经此事变，罗振玉随即辞去江苏师范学堂监督一职，继续在老家"丁忧"不出。

随着罗振玉的辞职，由他一手聘请的日本籍教员纷纷离开江苏师范学堂，一直追随罗振玉的王国维也旋即辞职，返回浙江海宁开始了他蛰居潜学的日子。

三　辗转独自学　跨界任纵横

古今之成大事业大学问者,罔不经过三种之境界:昨夜西风凋碧树,独上高楼,望尽天涯路。此第一境界也。衣带渐宽终不悔,为伊消得人憔悴。此第二境界也。众里寻他千百度,回头蓦见,那人正在灯火阑珊处。此第三境界也。此等语皆非大词人不能道。然遽以此意解释诸词,恐晏欧诸公所不许也。

咸家堂合不合耶

常江郎先生正　海宁王国维

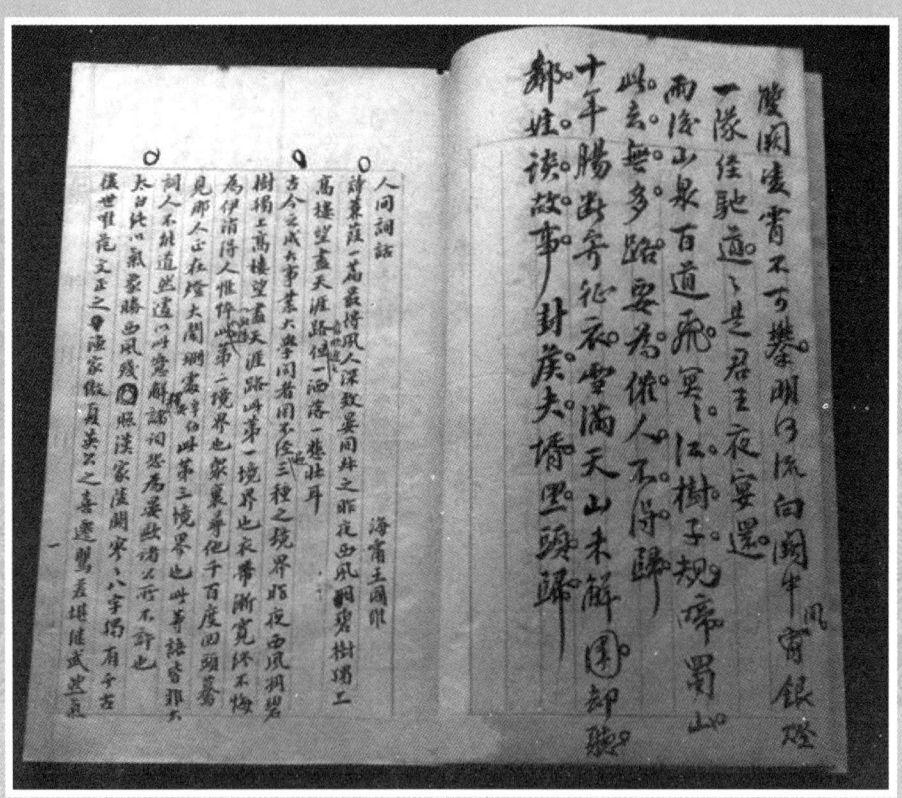

国家图书馆所藏王国维《人间词话》手稿。

按照王国维自己的说法,他的"独学之时代"应该从光绪二十七年(1901)夏从日本留学中途归来时算起,且独学之初是从"专门中之专门"的西方哲学研究开始的。随后,王国维在短短十年间屡屡转变独学方向,且在各个领域都取得了令人仰止的辉煌成就。特别是在这辉煌成就的背后,他并没有古时文人在衣食无忧中潜心治学的安逸与闲适,而是为了生存不得不不断地辗转于各地,在生活和命运的夹缝中孜孜以求。

纵论《红楼梦》 开创新学境

王国维在海宁潜心修学的,依然是西方哲学。而体现西方哲学对他世界观和人生观具有重大影响的,就是那早已在中国成为一门显学——"红学"历史上的开山之作——《红楼梦评论》。

1. 悲剧情缘

早在东文学社时,王国维就因"文字暌隔","以为终身无读二氏之书之日"：这"二氏"即西方哲学巨匠康德和叔本华。后来，随着日语和英语水平的提高，王国维终于能与他仰慕的西哲巨人，有了跨越时空的心神交流，还写出了具有振聋发聩影响的两篇论文——《哲学辨惑》和《论教育之宗旨》。不过，客观点说，这两篇论文中留有太多西哲特别是叔本华的痕迹，就连一些语句也是"叔本华式"，所以不能算作王国维的学问之作。而要想明确王国维独学历程中的发轫之作，应该从他的《红楼梦评论》开始，虽然这一评论的论点依然立足于叔本华的哲学思想，但其石破天惊的开拓之功，还是不能忽视或抹杀的。

光绪二十五年（1899）的一天，王国维在东文学社日籍教员田冈云岭所写《岭云摇曳》《第二岭云摇曳》和《云片》这三部文学和美学理论著作中，读到了一些关于叔本华的引文，这使他有茅塞顿开之感。三年后，当王国维捧读叔本华原著时，竟在一年之内连续阅读两遍，还写出了《叔本华像赞》等歌咏文章，以表达自己的感怀。可以说，叔本华已经成为王国维这时的精神导师，他对叔本华的崇敬也达到了顶礼膜拜的程度。其实，王国维最先崇敬的西哲并不是叔本华，而是叔本华的老师——另一位西哲巨匠康德。当时，王国维因为阅读康德著作"苦其不可解"，才转而从叔本华处寻找解读的钥匙，也就是说王国维阅读叔本华只是为了读懂康德。

确实，德国哲学大师康德的理性哲学，论述系统而严密，理性色彩和逻辑性也极强，它完全不同于中国古老哲学中的点评式或感悟式。而王国维之所以首先选择康德，是因为康德的哲学思想已经风靡欧洲，更席卷日本，是当时人们研究哲学的最高起点，而已露出纯粹学者端倪的王国维，自然不能忽视它。所以，当王国维阅读康德遭遇阻碍时，不得不转而捧起叔本华的系列著作，其中的《意志及表象之世界》中的《康德哲学批判》一文，则成为他"通汗德（康德）哲学关键"。拿到了解读康德哲学的钥匙，王国维在随后几年间四次通读康德，对康德著名的三大批判著作《纯粹理性批判》《实践理性批判》和《判断力批判》有了属于自己的独特理解：

> 哲学上之说，大都可爱者不可信，可信者不可爱。余知真理，而余又爱其谬误。伟大的形而上学，高严之伦理学，与纯粹之美学，此吾人所酷嗜也。然求其可信者，则宁在知识论上之实证论，伦理学上之快乐论，与美学上之经验论。知其可信而不能爱，爱其可爱而不能信，此近二三年中最大之烦闷。

由此可知，王国维虽然崇敬康德学说，但并没有陷入到盲目境地，而是有着自己的思考。比如康德美学中的超功利性和天才论观点都引起了王国维的强烈共鸣，但他的经验主义和理性主义则出现断裂，这既是康德哲学理论体系中的矛盾处，也是王国维在"近二三年中最大之烦闷"。相比而言，由康德"不可知论"中脱胎而出的叔本华之"唯意志论"，特别是叔本华的"厌世悲观学说"更是直接指向了王国维的酸楚内心，遂成为王国维精神世界中的伴侣。

而叔本华的"天才论"，也首先满足了王国维的天才情结。毫不讳言，王国维与叔本华的灵魂交接点就是天才论。虽然王国维认为"天才者，或数十年而一出，或数百年而一出，而又须济之以学问，帅之以德性，始能产真正之大文学"，但是满怀天才情结的他在评价自己时，则没有丝毫的掩饰，甚至一度认为自己就是数十年或数百年才一出的那位天才。

自视很高，而命途多舛。这必然导致王国维对人生问题有更多更深的思考。不过，这时的王国维还没有找准自己的人生定位，他还有着浓厚的学术救国思想，并不承认自己终究只是一名学者，一名适合深究学问的纯粹学者。所以，王国维对于自己屡屡遭遇不幸，感到极为痛苦，而他的痛苦不仅来自于外在境遇，更来自于他自己的内心思想。正如叔本华所说："天才所以伴随忧郁的原因，就一般来观察，那是因为智慧之灯愈明亮，愈能看透'生存意志'的原形,那时才了解我们竟是一副可怜相,而兴起悲哀之念。"

2. 悲剧实验

既然王国维的灵魂痛处被叔本华点中了,他为什么没有将哲学这一"专门中之专门"的学问继续深入地研究下去,而是随后转向了文学呢?

对此,王国维解释说:

余之性质,欲为哲学家则感情苦多而知力苦寡,欲为诗人则又苦感情寡而理性多……今日之哲学界,自赫尔德曼以后,未有敢立一家系统者也。居今日而欲自立一新系统,自创一新哲学,非愚则狂也。近二十年之哲学家,如德之芬德,英之斯宾塞尔,但搜集科学之结果,或古人之说,而综合之修正之耳,此皆第二流之作者,又皆所谓可信而不可爱者也。此外所谓哲学家,则实哲学史家耳,以余之力,加之以学问以研究哲学史,或可操成功之券。然为哲学家则不能,为哲学史家则又不喜。

这就是王国维"疲于哲学之一原因也"。于是,王国维转而利用西方哲学这把牛刀对中国文学名著进行解剖时,可谓是庖丁解牛游刃有余。而被王国维第一个拿到哲学解剖台上的,就是中国古典名著《红楼梦》。王国维为什么要选择《红楼梦》来检验他已经运用娴熟的西方哲学这把锋利牛刀呢?

要解答这一问题,同样不能偏离王国维的悲剧情怀。王国维的天才情结给他带来的悲剧情怀可以说是根深蒂固的,他一生都在以悲剧目光打量着世界,也打量着他自己。所以,当王国维离开通州师范学堂回到家乡后,在出洋留学之梦又一次破碎时,百无聊赖中他捧起了《红楼梦》,此时正是光绪三十年（1904）的江南梅雨季节。在这个季节里，王国维本就灰暗的心情潮湿到了极点，人生痛楚时时萦绕心头，这时他完全信服了叔本华"人生就是悲剧"的观点。而造成人生悲剧的根源，只有一个字——欲。而"欲"又是生活之本质，所以悲剧也将伴随人的一生，这一结论实在让王国维陷入其中不能自拔。至今，人们也不曾明白这是不是王国维第一次捧读《红楼梦》，反正他就此认识到《红楼梦》是一"彻头彻尾之悲剧也"，是"悲剧中之悲剧也"，且它还为人们指出摆脱这一悲剧之途径，这让王国维不能不对《红楼梦》推崇备至。而王国维的《红楼梦评论》，与其说是他哲学思想的一种实证性研究，还不如说是他对几年间自己生命感悟的一种总结。

确实，王国维将《红楼梦》定位为"彻头彻尾之悲剧"，在当时中国"红学"界乃至整个文化界，无疑是一个石破天惊的论点和发现，因为《红楼梦》面世一百多年间，中国学人虽然予以充分关注，但全都陷入考证之窠臼，没人从纯文学或者说哲学角度加以解析，更没人像王国维这样以人生体验来套解其中滋味，并得出其为"悲剧中之悲剧"的结论。

3. 悲剧层次

那么，悲剧《红楼梦》到底属于哪种悲剧呢？它为什么会被王国维定位为"悲剧中之悲剧"呢？对此，王国维又一次借助叔本华的"悲剧说"，将世间悲剧划分为三种形式或三个层次：

第一种之悲剧，由极恶之人，极其所有之能力，以交构之者。第二种，由于盲目之命运者。第三种之悲剧，由于剧中之人物之位置及关系而不得不然者；非必有蛇蝎之性质，与意外之变故也，但由普通之人物，普通之境遇，逼之不得不如是；彼等明知其害，交施之而交受之，各加以力而各不任其咎。

在这三种悲剧中，王国维认为第三种才是真正的悲剧，而《红楼梦》恰恰就属于这第三种，例如贾宝玉和林黛玉的爱情，不就是大观园里众人在各有所愿中造成的一大悲剧吗？当然，悲剧的根源还是那个"欲"字，所以缪钺先生在所著《王静安与叔本华》中对王国维评论《红楼梦》的立足点进行了这样的评论与解释：

先生取精用宏，以其哲学方法与思想以研究《红楼梦》。夫人皆有生活之意志，因而即有欲望，有欲望则求满足，实则欲望永无满足之时，故人生与痛苦相始终。欲免痛苦，唯有否认生活之欲，而求其解脱，先生即本此理以评《红楼梦》。以为男女之欲为人生诸欲中之最大者，《红楼梦》一书，即写人生男女之欲而示所以及如何解脱之道，其中人物，多为此欲所困苦，贾宝玉初亦备尝男女之欲的苦痛，其后弃家为僧，否认生活之欲，是为解脱。

在这里，有必要注意的是，王国维这时还不足三十岁，而在论及"男女之欲"时简直就是中国的"弗洛伊德"了。不过，王国维毕竟是王国维，他有着自己的睿智思想和脱俗见解，他在评论《红楼梦》时首先要解决的是人生之大问题，其次要解决的则是社会问题。例如，王国维在《红楼梦评论》的开篇就是"人生及美术之概观"。对此，王国维说："老子曰：人之大患，在我有身。庄子曰：大块载我以形，劳我以生。"如此，则"忧患与劳苦之与生，相对待也久矣"。而人生之所以陷入这种忧患与劳苦，其根源还是在于人的欲望，这就是人生之最大问题。而能够解决人生这一最大问题的，只有《红楼梦》中的贾宝玉，至于《红楼梦》中的其他人，都是因为某种欲望得不到满足而陷入悲剧之中。例如，王国维在《红楼梦评论》第四部分中以"《红楼梦》之伦理学上之价值"为题，以《红楼梦》中人物之悲剧为切入点，对整个社会和人类产生这种悲剧的根源进行了解析，这不能不说王国维实在是具有世界性目光和胸怀的伟大之学者了。王国维这样写道：

> 夫宝玉者，固世俗所谓绝父子、弃人伦、不忠不孝之罪人也。然，自太虚中有今日之世界，自世界中有今日之人类，乃不得不有普通之道德，以为人类之法则。顺之者安，逆之者危；顺之者存，逆之者亡。于今日之人类中，吾固不能不认普通之道德之价值也。然所以有世界人生者，果有合理的根据欤？使世界人生之存在，而有合理的根据，则人生中所有普通之道德，谓之绝对的道德也。然吾人从各方面观之，则世界人生之所以存在，实由吾人类之祖先一时之误谬。

在这里，王国维虽然表现出些许困惑，但他还是站在了整个社会和人类的角度提出了疑问。不过，王国维在《红楼梦评论》中虽然将评论的立足点，选在了叔本华哲学体系中的"悲剧说"，但他并不像许多人认为的那样，是在宣扬悲观厌世的人生态度。恰恰相反，王国维在评论的第四部分后面，对叔本华关于宗教解脱人生痛苦是否能够在现实社会中得以实现表示了疑问，而正是这一疑问，让人们看到了王国维人生态度中积极光鲜的一面，否则他怎能以一种敏锐眼光和冷静思维对现实问题加以如此深刻的思考，并将自己思考的结果——《红楼梦评论》连续刊登在《教育世界》上供大众来参照和反思呢？

如果单纯从文学评论角度而言，王国维的《红楼梦评论》并不是严格意义上的评论，或者说不是人们习惯框架中的文学评论，因为他没有从作品本身出发，对《红楼梦》这部伟大著作进行剖析。所以说，王国维的《红楼梦评论》更应该属于他个人的人生感悟，只是他的这一独特感悟是由《红楼梦》触发而已。当然，王国维的《红楼梦评论》在诸多领域都有着不可磨灭的开拓性贡献，诸如"在中国美学史上，首次引入西方'悲剧'这一概念"；诸如在王国维之前没有任何人采用西方的哲学和美学观对中国文学展开评论，"所以静安先生此文在中国文学批评史上实在乃是一部开山创始之作"；诸如王国维采用章节分段这一评论方式，不仅创造了一种崭新的文学评论文体，而且其层层递进、逻辑性极强的说理优势，明显要优于中国以往那种以序、跋、话等陈旧评论模式，这不能不说是王国维对中国文学评论的一大贡献。

然而，如果从心理发生学角度来说，王国维的天才情结与多舛人生所酿成的心灵苦痛，虽然通过《红楼梦评论》得到了部分释放和缓解，但《红楼梦评论》也恰恰向世人表露了他心灵之苦痛到底有多么深沉和峥嵘。

静庵赋古诗　悲苦显于形

关于王国维的诗歌创作，我们还是从他的《静庵诗稿》说起吧。

1. "苦"为诗眼

其实，《静庵诗稿》不是一本书，而是王国维于光绪三十一年（1905）九月亲自选编出版《静庵文集》的附属品。之所以这么说，不妨听听王国维在清华国学研究院的助手赵万里之解说：

此编（《静庵文集》）收文论十二篇，即《论性》《释理》《叔本华之哲学及教育学说》《红楼梦评论》《叔本华与尼采》《国朝汉学派戴、阮二家之哲学说》《书叔本华之遗传说后》《论近年之学术界》《论新学说之输入》《论哲学家及美术家之天职》《教育杂感》《论平凡之教育主义》,这些均是先生壮岁攻研哲学教育学时所作。……此编各文之思想出发点,乃在叔本华之知识论。

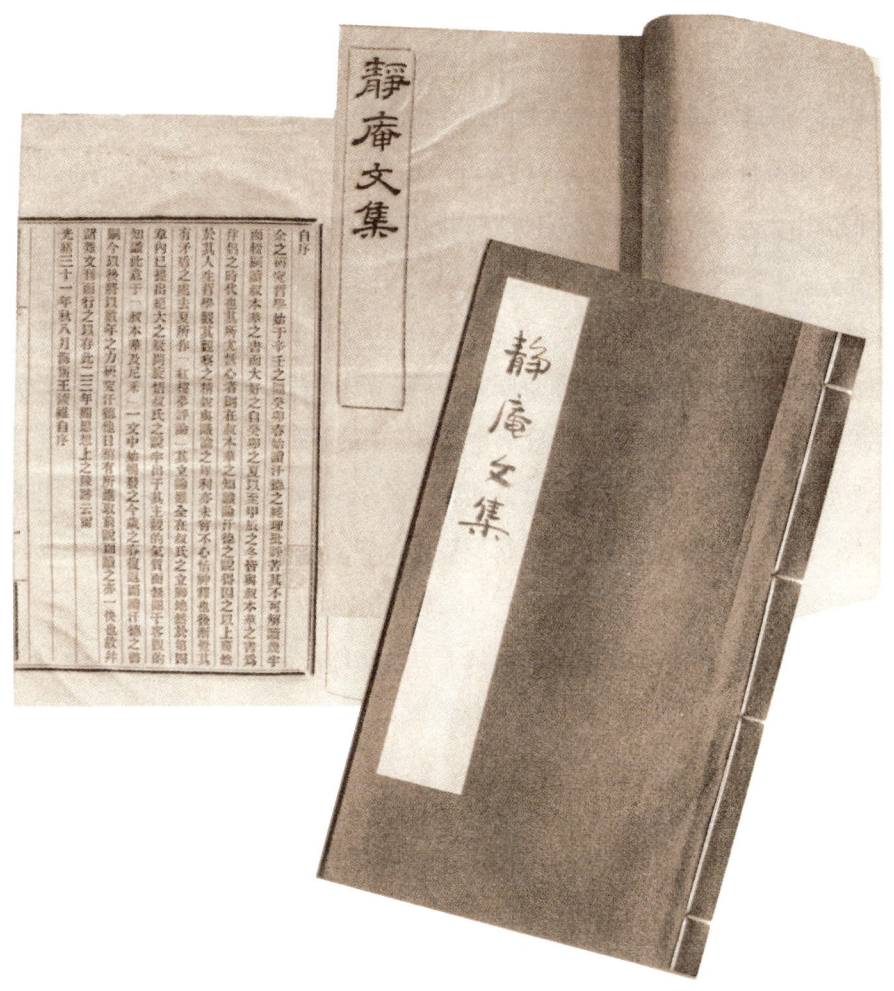

光绪三十一年(1905)初版本《静安文集》,海宁市图书馆藏。

在这里，赵万里根本没有谈及《静庵诗稿》，可见它在《静庵文集》中并不是重点。对此，王国维自己似乎也是这么认定的，否则他不会在文集中自署"静庵诗稿·附"予以说明。不过，作为《静庵文集》附属品的《静庵诗稿》，虽然只有区区四十九首，仅是王国维一生创作诗歌中的一小部分，它的成就也不及先前的《红楼梦评论》和随后的《人间词话》那样成为中华文学宝库中的经典，但并不能因此而轻视甚至忽略它，因为它毕竟是王国维短暂人生中珍贵的片段记忆，它毕竟承载着王国维太多的情感和思想发酵，何况其中一些篇什确实堪称是中华诗歌百花园中的奇葩。

王国维自光绪十七年（1891）试作《九月团脐十月尖》一诗开始，直到他于民国十六年（1927）6月2日自沉颐和园昆明湖的前一天为学生题写扇面诗为止，他一生虽然写了一百九十二首诗歌，但是诗歌创作的活跃期只集中在光绪二十九年（1903）至光绪三十三（1907）这几年间，且基调基本上奠基在叔本华哲学的悲观论上，其"诗眼"似乎只有一个字——"苦"。诸如：《杂感》中的"侧身天地苦拘挛"，《病中即事》中的"强颜入世苦支离"，《五月十五夜坐雨赋此》中的"脑中妄念苦难除"，《浣溪沙》中的"金、焦在眼苦难攀"，《题梅花画筹》中的"苦忆罗浮山下住"，《杂感》中的"苦求乐土向尘寰"，《端居》中的"役役苦不平"，《游通州湖心亭》中的"人生苦局促"，《尘劳》中的"苦觉秋风欺病骨"，《平生》中的"平生苦忆挈卢敖"等等，无不体现出了王国维这一时期忧生孤苦之心境。

2. 悲为诗调

光绪二十九年（1903），王国维应邀到通州师范学堂任教，虽然获得了一份较为丰厚的养家薪水，但他的内心则很是苦闷的。比如创作于该年夏天的《游通州湖心亭》：

扁舟出西郭，言访湖中寺。
野鸟困樊笼，奋然思展翅。
入门缘亭坳，尘劳始一憩。
方悉亭午热，清风飒然至。
新荷三两翻，葭菼去无际。
湖光槛底明，山色尊前坠。
人生苦局促，俯仰多悲悸。
山川非吾故，纷然独相媚。
嗟尔不能言，安得同把臂。

在诗的开头，王国维把自己比喻为樊笼中渴望展翅高飞的野鸟，透露出他作为一名二十六岁青年应有的一种抱负和怀才不遇之慨叹，而随后他竟吐出了"人生苦局促，俯仰多悲悸"的悲凉。确实，在通州的岁月里，王国维一直以叔本华为伴，叔本华的悲观论瞬间激起了他的人生和心灵感应，于是他便以诗歌的方式与知音叔本华进行了心神交流。在这种心神交流中，王国维再回首扫望自己身边诸君，一种高处不胜寒的孤独油然而生：

新秋一夜蚊如市，唤起劳人使自思。
试问何乡堪着我？欲求大道况多歧。
人生过处惟存悔，知识增时只益疑。
欲语此怀谁与共，鼾声四起斗离离。

这是王国维于当年通州师范学堂放暑假时所作的《六月二十七日宿硖石》一诗，从中不难看出他这时渴望治学而条件不济的困惑，以及随着学养增厚和思想的日渐成熟,而突显出他与众不同的心理孤独。不过,王国维的困惑与孤独还来源于他这时对叔本华哲学体系中讲求解脱的一种怀疑,例如他在这年秋天所写的《来日二首》:

来日滔滔来,去日滔滔去。
适然百年内,与此七尺遇。
尔从何处来?行将徂何处?
扶服径幽谷,途远日又暮。
霅然一罅开,熹微知天曙。
便欲从此逝,荆棘窘余步。
税驾知何所,漫漫就前路。
常恐一掷中,失此黄金注。
我力既云痡,哲人倘见度。
瞻望弗可及,求之缣与素。

宇宙何寥廓,吾知则有涯。
面墙见人影,直面固难知。
筒簬半在水,本末互参池。
持刀剞作矢,劲直固无亏。
耳目不足凭,何况胸所思。
人生一大梦,未审觉何时。
相逢梦中人,谁为析余疑。
吾侪皆肉眼,何用试金篦。

这时,王国维通过西哲康德和叔本华这两扇哲人之窗已经大开眼界,对世界和人生都有了更加深刻的认识与思考，但现实生活中的生存羁绊和渴望新学的不尽如人意，都让他感到了一种无奈的虚无。然而，就在王国维处在无奈虚无中的时候，他辞去通州师范学堂之职，准备争取南洋公学公派留学的梦想也随之破灭，这时他的心情简直低落到了极点。这从他这时创作的备受时人和今人高度评价的题为《蚕》的诗中得到了尽情渲染和淋漓体现：

> 余家浙水滨，栽桑径百里。
> 年年三四月，春蚕盈筐筥。
> 蠕蠕食复息，蠢蠢眠又起。
> 口腹虽累人，操作终自己。
> 丝尽口卒屠，织就鸳鸯被。
> 一朝毛羽成，委之如敝屣。
> 岂岂索其偶，如马遭鞭箠。
> 呴濡视遗卵，怡然即泥滓。
> 明年二三月，嬴嬴长孙子。
> 茫茫千万载，辗转周复始。
> 嗟汝竟何为？草草阅生死。
> 岂伊悦此生，抑由天所畀？
> 畀者固不仁，悦者长已矣。
> 劝君歌少息，人生亦如此。

浙江海宁是蚕桑之乡，王国维借用蚕一生极不公允的命运来观照自己乃至整个人类，这很显然又是叔本华悲观论的诗话诠释。在这首诗中，王国维采取层层递进的方式，娓娓道来，先是将蚕通过自己辛勤劳作终于"织就鸳蚕被"的贡献作了形象而饱满的写实；接着他将笔锋一转，却是"一朝毛羽成，委之如敝屣"的悲剧呈现；随后，更大的悲剧竟然延伸到了蚕的子孙后代，乃至整个蚕类家族，即"明年二三月，嬴嬴长孙子。茫茫千万载，辗转周复始"；再一转折，王国维由蚕及人，从而点出这首诗真正要表达的寓意，也就是人们劳碌一生终究要归于幻灭。由此可见，叔本华这种典型的悲观论调，被王国维阐释得极具东方色彩和中国风味。

"词话"人世间　自夸成绝唱

在《静庵文集·续编》的自序中，王国维这样自夸说："余之于词，虽所作尚不及百阕，然自南宋以后，除一二人外，尚未有能及余者。则平日之所自信也，虽比之五代、北宋之大词人，余愧有所不如，然此等词人，亦未始无不及余之处。"

1. 词话"人间"

不过，王国维词的水准也是逐步提升的，他留传下来最早的一阕词，是光绪三十年（1904）春天填写的《如梦令》：

点滴空阶疏雨，迢递严城更鼓。睡浅梦初成，又被东风吹去。无据。无据。斜汉垂垂欲曙。

这时，王国维词意浅显，并没有他所推崇的境界之说，且语言也较为拘谨,就如刚出任公职的他本人一样,一点也不舒展、俊朗。当然,王国维毕竟有着极高的诗词悟性,随着他来到苏州担任江苏师范学堂教职,他的心情开始变得开朗,词也填得洒脱清爽。如王国维于光绪三十年(1904)秋天初到苏州时填的一阕《浣溪沙》:

路转峰回出画塘,一山枫叶背残阳。看来浑不似秋光。

隔座听歌人似玉,六街归骑月如霜。客中行乐只寻常。

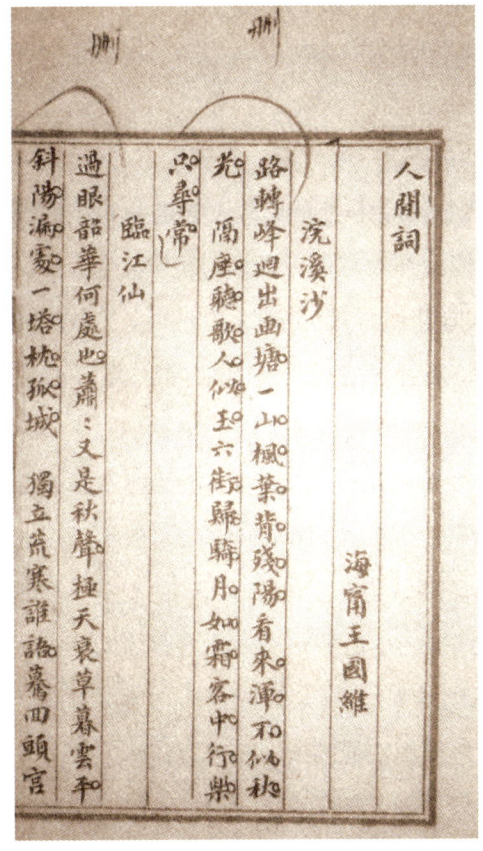

《浣溪沙》手稿。

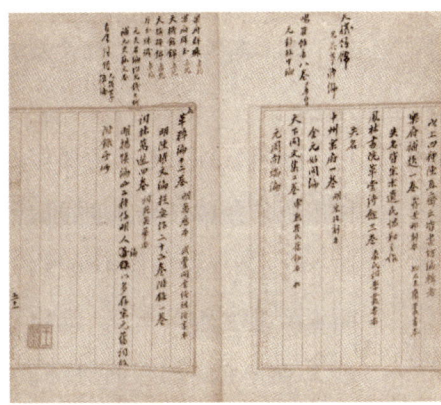

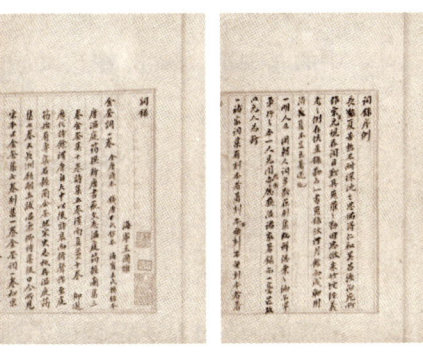

王国维著《词录》原稿。

如果以上还不足以体现王国维词风清爽豪洒的话，不妨再看一阕《鹧鸪天》：

列炬归来酒未醒，六街人静马蹄轻。月中薄雾漫漫白，桥外渔灯点点青。
从醉里，忆平生。可怜心事太峥嵘。更堪此夜西楼梦，摘得星辰满袖行。

而让世人对王国维词最为激赏的，要数这一阕《浣溪沙》了：

山寺微茫背夕曛，鸟飞不到半山昏。上方孤磬定行云。
试上高峰窥皓月，偶开天眼觑红尘。可怜身是眼中人。

全词王国维先是将视角放在地面的景致上，然后转升到天空月球，以一种俯视的角度鸟瞰人世间，顿时发现自己原本竟是天底下芸芸众生中的普通一员，是那样的微不足道，这不由使胸怀大志的王国维感到了人生悲凉。而王国维之所以不像"苏轼（东坡）能从蚍蜉般短暂的人生推出生命的隽永"，而酷似"加缪面对沉默的岩石，老怀疑它在冷冷地嘲笑人类"，这完全是他对生命看得过于透彻的缘故，而这种透彻又是借助叔本华哲学体系中的悲观论。不过，在这阕词中除了表现王国维想出世而不能的尴尬和无奈外，还透射出一种"众人皆醉我独醒"的高傲，特别是词中一个极不经意的"觑"字，确实使人联想到灵隐寺那高高端坐在上的如来佛，他漫不经心地垂眼一觑，宇宙和世间一切都在他的掌握中，是那样一种让人垂羡的蔑视，实在难以言喻而又使人向往。可是王国维呢？由于思想超前而现实严重滞后的缘故，他的天才睿智得不到发挥，怎能不使他的灵魂痛苦万分！

当然，王国维的灵魂之痛，并非只局限于他的个人之痛，更在于他对现实社会乃至整个人类的一种深切感怀，就如他当年写的那二十首《咏史》诗王国维《人间词》二首。

一样，他的词也是在吊古叹今。例如王国维初到苏州时在闲暇中踏游姑苏胜迹，遂有一阕《青玉案》：

姑苏台上乌啼。剩霸业，今如许。醉后不堪仍吊古。
月中杨柳，水边楼阁，犹自教歌舞。
野花开遍真娘墓，一样红颜委朝露。
算是人生赢得处，千秋诗料，一抔黄土，十里寒螀语。

苏州时期，是王国维词学活动最活跃的阶段，除了凭吊之词外，也不乏即兴之词。例如，夜填一阕《少年游》：

垂杨门外，疏灯影里，上马帽檐斜。紫陌霜浓，青松月冷，炬火散林鸦。

酒醒起看西窗上，翠竹影交加。跌宕歌词，纵横书卷，不与遣年华。

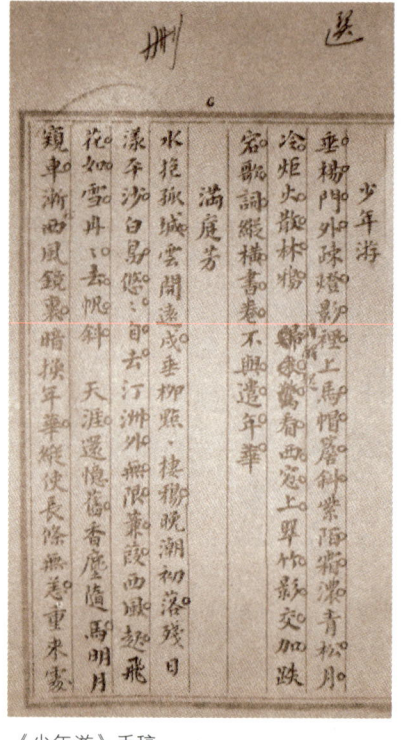

《少年游》手稿。

据说，这是在一个深秋的夜晚，王国维陪同一直在上海主持《教育世界》事务而来到苏州的好友樊炳清和罗振玉的弟弟罗振常，在沧浪亭附近一小巷深处酒馆里畅饮畅谈后返回宿舍时，一匹快马从街上疾驰而来，马上之人手持火炬，而飘忽火光中那杂沓的马蹄声，顿时惊起了沧浪亭树丛中的无数宿鸟。飞鸟唤起了酒意朦胧中的樊炳清，他不禁脱口而出杜甫一名句"炬火散林鹊"，而王国维则由此陷入了词意境界，回到宿舍后便连夜填写了这一阕《少年游》。这真可谓是王国维人生中难得的一次雅趣。

其实，苏州时期王国维的雅趣还是并不难得的，他对苏州、苏州古典园林有着非比寻常的喜爱，即便是深秋时节也没有北方惯有的萧飒。例如，他在一阕《青玉案》中这样写道：

江南秋色垂垂暮，算幽事，浑无数。

日日沧浪亭畔路，西风林下，夕阳水际，独自寻诗去。

可怜愁与闲俱赴，待把尘劳截愁住。

灯影幢幢天欲曙。闲中心事，忙中情味，并入西楼雨。

确实，苏州时期的王国维因为能够"日日沧浪亭畔路""独自寻诗去"，虽然如他所说是"以词自娱"，但这时他所填之词实在是精妙之至。又如《蝶恋花》：

独向沧浪亭外路。六曲阑干，曲曲垂杨树。
展尽鹅黄千万缕，月中并作蒙蒙雾。
一片流云无觅处。云里疏星，不共云流去。
闭置小窗真自娱，人间夜色还如许。

不过，词作为最擅抒情的一种文体，它同样也被王国维运用得极为感人。例如，光绪三十二年（1906）新春伊始，王国维准备跟随罗振玉前往北京谋职时，就将他与妻子莫氏的离别之情，通过一阕《鹊桥仙》演绎得缠绵悱恻：

绣衾初展，银釭旋剔，不尽灯前欢语。
人间岁岁似今宵，便胜却，貂蝉无数。
霎时送远，经年怨别，镜里朱颜难驻。
封侯觅得也寻常，何况是，封侯无据。

与《鹊桥仙》的缠绵悱恻所不同的是，光绪三十三年（1907）初春当王国维在北京得知妻子重病缠身时，他又通过一阕《蝶恋花》将夫妻断肠之情表露得撼人心灵：

舟冉蘅皋春又暮。千里生还，一诀成千古。
自是精魂先魄去，凄凉病榻无多语。
往事悠悠容细数。见说来生，只恐来生误。
纵使兹盟终不负，那时能记今生否！

是的，妻子莫氏自光绪二十二年（1896）十一月嫁到海宁王家后，丈夫王国维为了学业和生活，一直奔波各地，几乎没有为妻子分担过家庭重担。特别是自光绪三十一年（1905）四月随着三子王贞明（字叔固）的出生，以及随后父亲王乃誉的去世，家中只有年迈的继母叶太夫人和妻子莫氏，其辛劳可想而知。而这一次，妻子莫氏竟然因为生产双胞胎女儿而染上"产褥热"症。接着，由于双胞胎女儿的夭折，莫氏终于在王国维返家十天后不幸故去，年仅三十四岁。

渴望以学术救国的王国维，似乎更善于运用抒情词体表达自己的社会忧思。譬如当王国维目睹京师贵族醉生梦死的生活状态后，遂有一阕《虞美人》让人感受到了他心境中的无限悲凉：

犀比六博消长昼，五白惊呼骤。不须辛苦问亏成，一霎尊前了了见浮生。
笙歌散后人微倦，归路风吹面。西窗落月荡花枝，又是人间酒醒梦回时。

最能体现王国维强烈的忧世情怀的，就是这阕《蝶恋花》：

忆挂孤帆东海畔。咫尺神山，海上年年见。几度天风吹棹转，望中楼阁阴晴变。
金阙荒凉瑶草短。到得蓬莱，又值蓬莱浅。只恐飞尘沧海满，人间精卫知何限。

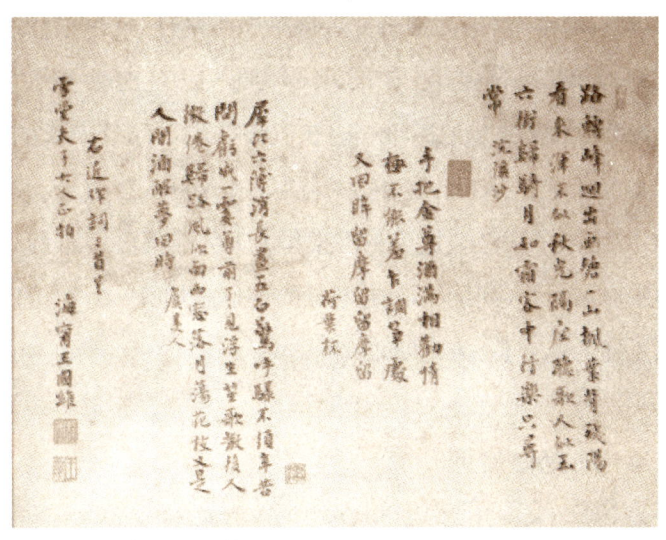

王国维手书赠与罗振玉的词。

王国维一生填词一百一十五阕,其中于光绪三十二年(1906)春编选的《人间词·甲稿》收有六十一阕,光绪三十三年(1907)冬编选的《人间词·乙稿》收有四十三阕。这些词都是王国维于光绪三十年(1904)至三十三年(1907)间填写的,并陆续发表在《教育世界》上。另有十一阕词,是他后来填写的。在这些词中,有一个现象很有趣,那就是所有的词几乎都是"小令",并无一阕"长调",且《蝶恋花》和《浣溪沙》的词牌使用最多。对此,王国维在《人间词话》中说:"余填词不喜作长调,尤不喜用人韵。"

这恐怕也是王国维填词胜人一筹的缘故吧?

至于王国维为什么将自己的词集取名为"人间",罗振常曾回忆说:"时人间方究哲学,静观人生哀乐,感慨系之,而《甲稿》词中'人间'字凡十余见,故以名其词。"

在这里,罗振常至少向人们透露了三个信息:其中两个是关于王国维为什么以"人间"命名其词集,另一个就是"人间"还一度成为王国维的"代名词"。确实，据王国维研究者佛雏先生统计，王国维的一百一十五阕词中，使用"人间"一词多达三十八次，平均每三阕就出现一次，可见"人间"一词使用频率之高；二是王国维当时正沉浸在叔本华等西哲的哲学世界里，他的词难免立足于"人间"世相，探求生命本源和人生真义。从某种意义上说，这时"人间"一词已经成为王国维作为词人生涯的一个标志。所以，他不仅将词集取名为"人间词"，就连自己的号也添加了一个"人间"。更有趣的是，罗振玉还为他治了一方"人间"印。

2. 绝妙好词

由于王国维在词学理论上的辉煌成就和巨大影响，特别是他随后所创作的《人间词话》这一盖世经典，反而使人们对他所填之词的本身不太关注了。其实，王国维对他的词是非常自负的，这从他在《人间词·甲稿》中托名樊志厚（即樊炳清）写的一则序言中，不难看出其毫无掩饰的溢美。

在这则序言里，王国维指出中国词学自南宋以后未能振兴的原因，以及他对一些古词人作品的好恶，且再次表现出他与谦谦旧时文人的与众不同。在解析王国维之词是"天也，非人之所能为也"的原因，以及他的词竟"求之古代作者，罕有伦比"处之前，应该向读者交代他托名樊志厚作序之往事，因为由此曾引发时人和后世诸多揣测。对此，罗振常在王国维和樊志厚相继离世后，曾特意追补了一则《附记》：

樊少泉茂才（炳清）与人间同肄业东文学社，交甚契。顾体羸弱多病，急于进取，尝自憾志行薄弱，遂更名志厚，字抗甫，故《序》后所署如此（其后仍用原名）。时，人间在吴门师范（学）校，授文学。先期来书，谓词稿将写定，丐樊作序。樊应之，延不属稿。一日，词稿邮至，余与樊君开缄共读，而前已有序。来书云：序未署名，试猜度为何人作？宜署何人名则署之。樊读竟大笑，遂援笔书己名。盖知樊性懒，此《序》未可以岁月期，遂代为之也。前尘历历如昨，而樊君墓草亦已宿。忆此为之怅然。

那么，王国维的《人间词》到底有何"罕有伦比"之处呢？除了他在序言中提到的"快而沉，直而能曲"和"观物之微，托兴之深"等之外，在王国维同样托名樊志厚为《人间词·乙稿》所写的又一则序言中，不仅较为深入而明确地阐明了自己的词学理论和创作观点，而且还得出了他评价词的最高标准——意境，凡是"意境两浑"者，就是绝妙好词。对此，王国维说："文学之事，其内足以摅己，而外足以感人者，意与境二者而已。上焉者意与境浑，其次或以境胜，或以意胜。苟缺其一，不足以言文学。"比如王国维在序言中自夸"意境两忘，物我一体"的那三阕绝妙好词。第一阕《浣溪沙》：

天末同云黯四垂，失行孤雁逆风飞。江湖寥落尔安归？

陌上挟丸公子笑，座中调醯丽人嬉。今

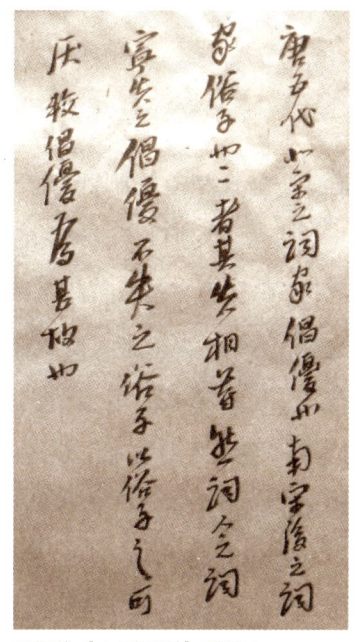

王国维《人间词话》手稿之一。

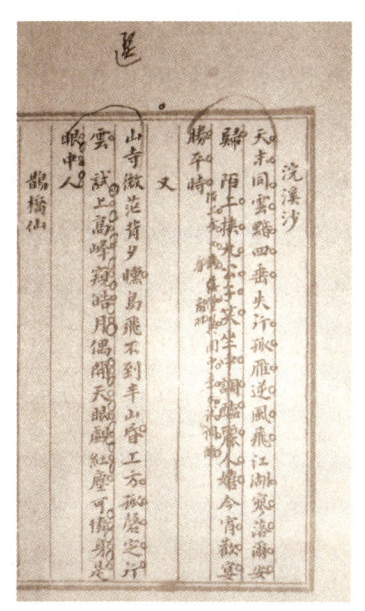

王国维《浣溪沙》手稿。

宵欢宴胜平时。

上阕一落笔，便营造出一种低沉的阴郁氛围：阴云低垂中，一只失行孤雁为了寻找和追赶雁群，正顶着猛烈的狂风，竭力挣扎着向前飞行。而同在一片阴云下，独自客居异乡的旅人目睹此情此景，很自然地就联想到自身景况，不由在心底暗自向自己发问：寄寓他人檐下，纵有鸿鹄之志，又能有何作为呢？不料，就在旅人陷入人生惆怅时，朋友为了招待自己竟然射获了那只孤雁，并兴高采烈地交给美丽的妻子烹饪，随后女主人便满面春风地将红烧或清蒸的雁肉端上了晚宴餐桌，这时旅居他乡的孤寂客人，心里顿时翻涌出加倍的凄凉。

在这阕词中，王国维虽然运用的是传统的比兴手法，但只有喻体而没有主体，这无疑是比兴手法中最精妙的一种。另外，正如有人评价的那样，王国维在全词中没有发出任何感叹或议论之语，但那种强烈的沉重感和悲哀感，不能不让读者陷入到无尽的沉思之中。而如果该词只表达了个体的一种人生感悟的话，那实在有失其所蕴藏的厚重的哲学命题。由此可知，王国维自夸之语实不虚也，确实达到了他所说的"言近而指远，意决而辞婉"之意境。

至于王国维在序言中提到的那阕《蝶恋花》，不妨参阅原词再来感受一番他所推崇的那种"意境两忘，物我一体"之韵味：

昨夜梦中多少恨。细马香车，两两行相近。
对面似怜人瘦损，众中不惜搴帏问。
陌上轻雷听渐隐。梦里难从，觉后那堪讯？
蜡泪窗前堆一寸，人间只有相思分！

在这里,王国维向人们营造了一种景况:一位屡试不第的落魄书生,在凄风苦雨之夜与宝马香车里的富贵娇娘于梦中邂逅,但自惭形秽的他并没有勇气上前问讯追求。突然,一阵远去的雷声使书生猛然梦醒,他呆呆地面对窗台上已经流淌积聚约一寸高的蜡烛血泪,除了心中怀着一份无奈的相思之外,他一无所有。这种梦中之"境"与白昼之"意"相互交融,确实是一种"凿空而道,开词家未有之境"也。

与这阕《蝶恋花》相比,下面的《蝶恋花》又有另一种气象:

百尺朱楼临大道。楼外轻雷,不间昏和晓。
独倚阑干人窈窕,闲中数尽行人小。
一霎车尘生树杪。陌上楼头,都向尘中老。
薄晚西风吹雨到,明朝又是伤流潦。

独倚阑干的窈窕靓女,看似悠闲地倚靠在高楼栏杆上数点着街上行人,忽然一辆马车疾驰而过,卷起的尘土顿时遮盖了行走中的一位老人。猛然间,自命清高的窈窕靓女,却联想到自己的花容月貌和自命清高,在不久的将来不是同样要慢慢衰损而无可挽留吗?一种无奈,一种凄清,一种看似悲天悯人,实则是在对自己命运的一种可怜。在这里,王国维将"境"营造得流畅而鲜活,"意"也表达得丰富而深邃。回味全词,不由让人揣度这到底是一种怎样的人生态度呢?

3. 境界三说

自光绪三十四年(1908)十一月于《国粹学报》上分三期连载的《人间词话》,是王国维运用中国传统词话方式所写的一部文学批评著作。

在这部著作中,共收录词话六十四则,大致可以分为三个部分:一是对词学理论中的"境界说"进行阐述;二是以时代为脉络通过对历代词家之作的解析,对如何创造"境界"以展示诗词魅力进行分析;三是对历代文学体式的演进过程进行解析,作为词学理论中"境界说"的补充和延伸。王国维认为:"词以境界为最上。有境界则自成高格,自有名句。五代北宋之词所以独绝者在此。"

王国维在《人间词话》中为什么对"境界说"如此看重呢?对此,王国维说:"然沧浪所谓兴趣,阮亭所谓神韵,犹不过道面目,不若鄙人拈出'境界'二字为探其本也。"确实,如果说"兴趣"和"神韵"是一阕词的审美特

《国粹学报》。

征的话，那么它们必然都来源于词人的生命感悟，也就是所谓的"词魂"。如此，"兴趣"和"神韵"只能是表述了词的表象面目，还没有触及到"词魂"，即还没有上升到词的境界高度。

那么，"境界"从何而来，什么样的词才算是有"境界"呢？对此，王国维认为："一切境界，无不为诗人设，世无诗人，即无此境界。夫境界之呈于吾心而见于外物者，皆须臾之物，唯诗人能以此须臾之物，镌诸不朽之文字，使读者自得之。"也许这种只存在于诗人敏感心灵中的东西，虽然通过诗人"不朽之文字"能够让读者感觉到，但毕竟给人一种看似虚缈的感觉。于是，王国维又说："境非独谓景物也。喜怒哀乐，亦人心中之以境界。故能写真景物，真感情者，谓之有境界。"也就是说，"境界"的灵魂，只有一个字——真。这种"真"，即王国维在《人间词话》中所推崇的"赤子之心"，或者说就是词人对生命的真纯感悟。

不过，这种真纯感悟由于受到词人表述能力的不同，以及读者自身体悟深浅等诸多因素的影响，也使词的境界有了很大区别。对此，王国维在《人间词话》中有详尽表述：

古今之成大事业、大学问者，罔不经过三种之境界："昨夜西风凋碧树，独上高楼，望尽天涯路。"（晏叔同）此第一境界也。"衣带渐宽终不悔，为伊消得人憔悴。"（欧阳永叔）此第二境界也。"众里寻他千百度，回头蓦见，那人正在灯火阑珊处。"（辛幼安）此第三境界也。此等语皆非大词人不能道。然遽以此意解释诸词，恐为晏、欧诸公所不许也。

接着，王国维又提出"造境"与"写境"、"有我之境"与"无我之境"及"境界有大小，不以是而分优劣"等论点，并逐一予以解析。例如，王国维说："有造境，有写境，此理想与写实二派之所由分。然二者颇难分别。因大王国维行楷自书《治学三境界》。

诗人所造之境，必合乎自然，所写之境，亦必邻于理想故也。"由此可见，王国维所说的"造境"与"写境"，即现在人们所熟知的浪漫主义与现实主义，两者之间由于受到社会现实等因素的影响，有时很难明确地予以区分。所以，王国维在《人间词话》中接着解释说："自然中之物，互相关系，互相限制。然其写之于文学及美术中也，必遗其关系、限制之处。故虽写实家，亦理想家也。又虽如何虚构之境，其材料必求之于自然，而其构造，亦必从自然之法则。故虽理想家，亦写实家也。"

对于"有我之境"与"无我之境"这两个美学命题，王国维根据不同的审美方式，在诗词中予以举例说明：

有有我之境，有无我之境。"泪眼问花花不语，乱红飞过秋千去""可堪孤馆闭春寒，杜鹃声里斜阳暮"，有我之境也。"采菊东篱下，悠然见南山""寒波澹澹起，白鸟悠悠下"，无我之境也。

那么，怎样才算是"有我之境"或"无我之境"呢？王国维认为："有我之境，以我观物，故物皆著我之色彩。无我之境，以物观物，故不知何者为我，何者为物。"这与前面提到的"意境两忘，物我一体"之"意境说"，很显然在本质上是一致的，或者说王国维只是将"意境说"更加精致化和理论化而已，在使用层面上被更广泛地运用到社会与自然之中。不过，要达到王国维所说的"无我之境"，则非"豪杰之士能自树立耳"。当然，在这里并没有褒扬"无我之境"而贬损"有我之境"的意思，因为"无我之境，人唯于静中得之。有我之境，于由动之静时得之。故一优美，一宏壮也"。也就是说，在美学领域里"优美"与"宏壮"并没有优劣或高低之分，有的则是不同的生命感受而已。这一点与王国维所谓的"境界有大小，不以是而分优劣"，应该有着异曲同工之妙。

由于王国维的《人间词话》写于光绪三十二年（1906）至三十四年（1908）之间，这时正是他沉浸在叔本华哲学海洋里的时候，所以很多学者都将他"无我之境"的提出，曲解为源于叔本华哲学体系中的相关论述。对此，美学家夏中义先生有一段较为客观公允的解析：

与《红楼梦评论》诸文相比，《人间词话》或许是引用叔本华最少的，却少而精，最得叔本华之精华，又与中国诗学水乳交融，以至你分不清是叔本华潜入了王国维的血脉,还是王国维走进了叔本华的脑门,但你深信《人间词话》确是中西合璧的,既有浓郁的民族诗趣,又有晶莹的西方哲思。

诚如斯言,在《人间词话》中王国维正是运用西方哲思解剖中国古典诗词,只是方式依然保留着巧妙的中国传统而已。当然,随着王国维学识和思想的成熟,他也是在用《人间词话》等中国方式对叔本华等西方哲思进行拷问,从而使自己无论是在情感、思想和经验方面,还是艺术理论和艺术创作等方面,都在不断地得到质量上的大幅提升,这恐怕就是王国维之所以成为一代思想家和学术巨人的根源吧?

五年京华梦 "生事之累"多

光绪三十一年(1905)十一月,王国维随同罗振玉辞去江苏师范学堂教职后,在海宁老家度过了一个温馨闲适的春节,随后又跟从罗振玉一家北上京都谋职,从而开始了他五年寄寓京城的多舛生活。

1. 依附罗家

罗振玉北上京都是受学部尚书荣庆之邀,就任清政府新设衙门学部参事厅行走一职。光绪三十二年(1906)二月,罗振玉准备携家赴京时,特意驰书海宁邀请王国维同往京城,以便向朝廷有关部门奏请为他也谋取一个职位。

初到京城,罗振玉将家人安置在魏染胡同由学部提供的寓所里,王国维

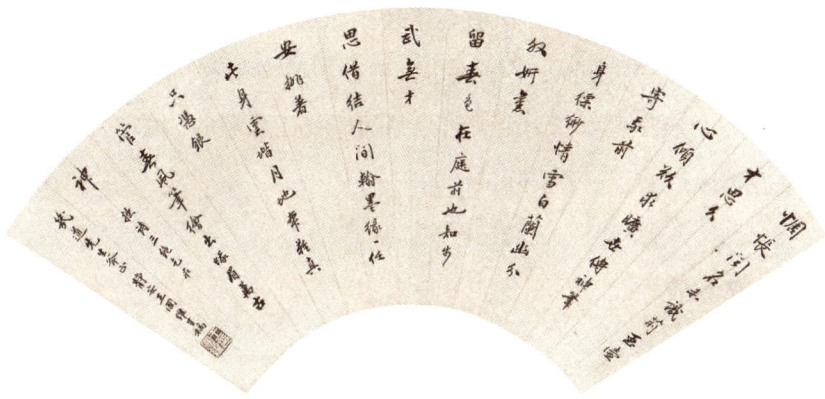

王国维行书扇面。

也住在其家中,一边等待罗振玉为他向学部谋职,一边为《教育世界》编译稿件。作为清朝建都两百多年的北京城,贵族高官多如牛毛,学界精英也云集其中,不足而立之年的王国维虽然翻译发表了诸多关于教育和哲学的相关著作,也撰写出版了诸如《红楼梦评论》和《静安文集》等作品,但只有两年教龄且仅是秀才出身的他,还没有得到朝廷的认可。一时没能得到学部安置的王国维,为了引起朝廷有关大员的关注,他撰写了《奏定经学科大学文科大学章程书后》一文,阐述自己对当前教育事业的改良主张。

就在初秋八月王国维踌躇满志时,从家乡海宁传来了父亲王乃誉不幸病故的噩耗。于是,王国维急忙辞别罗振玉,急匆匆地南下海宁奔丧。守孝"百日"期满后,王国维将父亲安葬在海宁城北徐步桥的东侧墓地,并在"丁忧"期间为父亲撰写生平事迹——《先太学君行状》,全面记述和缅怀父亲一生的学业和成就。

直到光绪三十三年(1907)初春,王国维返回北京时,罗振玉已将家小安置在宣武门内象来街的一座宽大庭院里。王国维依然暂住罗家,一切都仰仗着罗振玉的关照,好在朝廷不久就任命王国维为学部总务司行走,虽然只是学部一名普通的办事人员，但毕竟算是在朝廷任职了。随后，罗振玉升任京师农学堂总监，官居四品，王国维也因罗振玉鼎力举荐，而转任学部图书编译局编译，尔后又被委任为由大名鼎鼎的严复任总纂的"编定名词馆"协修，算是在清政府有了一个实际工作的职务。

2. 家庭变故

王国维刚到学部图书编译局工作不久，家乡海宁又传来妻子莫氏因为生产双胞胎女儿而染上"产褥症"的病危凶讯。这时是光绪三十三年（1907）七月初，由于当时还没有津浦铁路，王国维只得辗转到天津乘坐轮船从水路星夜赶往海宁。半个月后，当王国维千里迢迢憔悴地坐到妻子病床前时，莫氏已是弥留之际，虽延请名医诊治，莫氏还是在十天后离开了人世。料理完妻子的丧事后，王国维不得不将家中事务及三个年幼的孩子，全都交付给继母叶太夫人照管，自己只身再次返回北京。

在北京这个萧飒的秋天里，王国维即将迎来而立之年的生日，细细回想三十年的人生旅途，实在是命途多舛，为了理想，为了生活，为了新学，为了孜孜以求的学术事业，他不得不抛却父老家小，辗转上海、武昌、通州和苏州等地谋生。如今，虽混迹京师就任学部一办事员之职，但于自身学问却感到一事无成，这怎不让他感慨万端呢？于是，在一个凄清的九月之夜，王国维梳理十多年的独学之路，遂撰成《三十自序》。其中，关于治学和生活之间的关系问题，王国维这样写道：

志学以来，十有余年，体素羸弱，不能锐进于学，进无师友之助，退有生事之累，故十年所造，遂如今日而已。夫怀旧之感，恒笃于暮年，进取之方不容于反顾，余年甫壮而学未成，冀一篑以为山，行百里而未半，然举前十年之进步，以为后此十年二十年进步之券,非敢自喜,抑亦自策励之一道也……顾此五六年间,亦非能终日治学问,其为生活故而治他人之事,日少则二三时,多或三四时,其所用以读书者,日多不逾四时,少不过二时,过此以往,则精神涣散,非与朋友谈论,则涉猎杂书,唯此二三时间之读书,则非有大故不稍间断而已。夫以余境之贫薄而体之羸弱也,又每日为学时间之寡也,持之以恒,尚能小有所就,况财力精力之倍于余者,循序而进,其所造岂有量哉!故书十年间之进步,非徒以为责他日进步之券,亦将以励今之人使不自馁也。

就在王国维为"生事之累"发此感叹时,家乡海宁又一次传来继母叶太夫人病故的消息。叶太夫人是光绪三十四年(1908)一月二十三日去世的,这时距离春节仅有一个星期的时间。于是,当王国维接到消息急忙辗转赶往海宁时,春节大年三十他只能在途中度过了。于正月初二赶回海宁的王国维,一踏进冰冷空寂的周家兜老宅,顿时有一种死寂沉沉的悲凉之感,特别是面对叶太夫人漆黑的棺椁,以及三个都不足十岁的懵懂幼儿,他更感到了"生事之累"的沉重。

王国维应该感激两个女人,一个是他那中道而逝的结发妻子莫氏,另一个则是他的岳母即莫氏的亲生母亲莫太夫人。原来,早在莫氏弥留之际她就为自己找好了一位"接班人",即为丈夫王国维挑选了一位继室夫人,那就是莫氏的表外甥女潘氏。潘氏名丽正,年方二十二岁,是莫氏娘家浙江春富庵人,父亲潘祖彝(字鹿鸣)是一名秀才。据说,妻子莫氏在临终前曾特意向王国维表露这一意思,而对于莫氏临终前的这一嘱托,与妻子情深意笃的王国维起初并没有在意,虽然他对在妻子生前经常前来周家兜王家串门的这位远亲印象很好,特别是孩子们与这位年长不了几岁的表姐也很是友爱,但王国维并没有想到她将会成为自己的继室妻子。不过,虽然王国维没有过多地考虑过这件事,但他的岳母莫太夫人则很上心,这不仅因为她熟识喜爱潘氏姑娘，王国维续娶她之后自己那三个年幼的外孙不至于遭罪，而且"幼承庭训，知书达理"的潘氏姑娘熟悉王家事务，是纯粹学者王国维最合适的贤内助。正是基于这些方面的考虑，守寡多年的莫太夫人勇敢地"自为大媒"，为女婿王国维亲自操持这桩婚事。于是，王国维于光绪三十四年（1908）三月一日遵照前妻遗嘱和岳母莫太夫人的敦促，迎娶了年轻貌美的潘氏丽正姑娘为继室。

初春四月，王国维携新婚妻子潘氏、三个儿子和莫太夫人北上京城，租住在宣武门内新帘子胡同的一座小四合院里，开始了他一生中新的生活和学术历程。

史海巧钩沉　戏曲大著述

在王国维关于戏曲的诸多著述中，《宋元戏曲考》是一篇具有开拓性贡献的皇皇巨著，而这完全源于他在戏曲史海里的巧妙钩沉……

1. 戏曲考原

关于王国维这一次学术研究转向的原因，他曾有过这样一段论述：

因填词之成功而有志于戏曲，此亦近日之奢愿也。然词之于戏曲，一抒情，一叙事，其性质既异，其难易有殊，又何敢因前者之成功而遽冀后者乎？但余所以有志于戏曲者又自有故。吾中国文学之最不振者莫戏曲若，元之杂剧，明之传奇,存于今日者,尚以百数,其中以文字虽有佳者,然其理想及结构,虽欲不谓至幼稚至拙劣不可得也。国朝之作者虽略有进步,然比诸西洋之名剧,相去尚不能以道里计,此余所以自忘其不敏而独有志乎是也。然目与手不相谋,志与力不相副……故他日能为之与否所不敢知,至为之而能成功与否,则愈不敢知矣!虽然,以余今日研究之日浅而修养之立乏,而遽绝望于哲学及文学,毋乃太早计乎?苟积毕生之力,安知于哲学上不有所得,而于文学上不终有成功一日乎?即令一无成功,而得于局促之生活中,以思索玩赏为消遣之法,以自逭于声色货利之域,其益固已多矣!

在这段论述中,可以得出这样几点:一、王国维将研究戏曲当作是自己的一大奢望;二、一直以来中国戏曲没能得到应有的重视,以致衰落而不得振兴;三、中国戏曲与西洋名剧在重视程度和文学地位上相差太远,希望通过自己的努力改变这种状况;四、王国维对自己研究戏曲能否获得成功,表现出少有的不自信或是自谦。如今,关于王国维戏曲研究成功与否已早有定论,在此仅以王国维完成相关著述的先后顺序,对他在这一领域取得的成就进行记述,以便读者明了王国维在戏曲的史海钩沉中所采取的科学有效的治学方法。

王国维先后完成的戏曲著作有:《戏曲考原》《曲录》《录曲余谈》《优语录》《唐宋大曲考》《录鬼簿校注》《古剧脚色考》《宋元戏曲考》。由此可见,王国维关于戏曲研究是比较系统的学术工程,采取的研究方法属于循序渐进式。

与《人间词话》同载于上海《国粹学报》上的《戏曲考原》,动笔撰写的时间要迟于《曲录》,但却是王国维在戏曲方面最早完成并发表的第一篇著述。在这篇文章中,王国维从宏大处着眼,由细小处着手,用中国传统而精审的考证方法,巧妙地结合西方文学观点,对中国戏曲的起源,进行了科学而细致的考证和阐释。在这一过程中,王国维笔锋干脆而犀利,观点明确而严谨,全篇布局严整,文字洗练精准,诸多论点都是前所未有的。文章一开头,他就开宗明义地指出:

楚辞之作,《沧浪》《凤兮》二歌先之;诗馀之兴,齐、梁小乐府先之;独戏曲一体,崛起于金元之间,于是有疑其出自异域,而与前此之文学无关系者,此又不然。尝考其变迁之迹,皆在有宋一代;不过因金元人音乐上之嗜好,而且益发达耳。

在这相当于全文的小序中,王国维指出戏曲因得到金、元两朝人的偏爱而兴盛,却导致世人怀疑其起源于此时的谬误,随后提出经过自己考证后得出戏曲应该起源于宋朝的观点。

为了论证自己观点的科学性,王国维紧接着提出了戏曲的概念,即"戏曲者,谓以歌舞演故事也"。也就是说,戏曲是以歌舞方式演绎的一段故事。如此,王国维开始在文章中列举一些只歌咏故事而没有歌舞,或有歌舞但又不是演绎故事,抑或演绎的是神仙鬼怪而不是人间事等类型,从而指出它们因此而不属于戏曲的缘由。随后,王国维又对人们误以为戏曲起源于金元,以及怀疑戏曲是由国外传入且与文学没有关系的论调,进行了深入细致的考证,从而得出:

要之,曾(布)、董(颖)大曲,开董解元之先。此曲则为元人套数、杂剧之祖。故戏曲之不始于金元,而于有宋一代中变化者,则余所能信也。

很显然,王国维这种从歌舞(形式)与演故事(内容)两方面对戏曲源流进行考证的做法,实在是一种睿智而科学的治学方法。

2. 曲录优人

如果说《戏曲考原》解决了中国戏曲的源流问题，那么王国维随后完成的《曲录》也就有了科学依据和筛选准则。

作为中国近代第一部剧目汇编性著作，王国维历时十个月参阅近百种书刊，终于在宣统元年（1909）五月完成了《曲录》的编撰工作。在这部规模宏大、编撰严谨的《曲录》中，王国维将全书分为"宋金杂剧院本部"、"杂剧部上"、"杂剧部下"、"传奇部上"、"传奇部下"和"杂剧传奇总集部"六卷，共辑录曲目三千一百七十八种，虽然留传于世的全本只有十分之二三，但对王国维全面了解中国戏曲则有了一个整体概念，为他后来撰写戏曲研究的扛鼎之作《宋元戏曲考》打下了不可或缺的基础。所以，王国维在《曲录》的自序中这样说道："非徒为考镜之资，亦欲搜讨之助。补三朝之志，所不敢言，成一家之书，请俟异日。"

果然，三年后王国维在流寓日本期间，终于完成了"成一家之书"的《宋元戏曲考》，其中诸多论述都来源于《曲录》。由此可见，当时因为资料缺失等因素，《曲录》中还有一些明显的瑕疵，但它在中国戏曲历史的研究中，依然具有不可埋没的揭幕之功。关于这一点，王国维的门人赵万里后来评价说："此书可议处虽多，然大辂椎轮，创始不易，其精神固甚可佩也。"

宣统二年（1910）六至八月分三期连载于《国粹学报》上的《录曲余谈》，是王国维继《曲录》后完成的第三部戏曲专著。在这部专著中，不仅记述了戏曲总目或总集的得失，而且对中国历代戏曲进行了深入考辨，并运用西方生理学学理对中国戏曲中的角色进行观照，这一做法堪称言前人所未言：

罗马医学大家额伦谓人之气质有四种：一热性，二冷性，三郁性，四凉性。我国剧中脚色之分，隐于此四种合。大抵净为热性，生为郁性，副净与丑或凉性而兼冷性，或凉性而兼热性。虽我国作戏曲者尚不知描写性格，然脚色之分则有深意义存焉。

这种分法今天看来也许稍嫌粗糙，但王国维在一个世纪前便应用中西学术观点，来对比来观照中国戏曲的做法，"实未容吾辈轻议也"。

《优语录》，是王国维参阅前人诸多史话和笔记等，辑录自唐至明期间共五十则"优人"戏语的一部戏剧研究论述。优人，在这里专指扮演杂戏的人。而由这些人演绎的杂戏，也就是俗称的滑稽戏，是向来不受文人雅士看重的，而王国维却苦心孤诣在浩瀚史料中爬剔整理，意在保存这些散佚殆尽的稀有戏剧剧种，由此探求中国戏剧的源流，并获得了戏剧与这种滑稽戏之间存有内在联系的一大发现，这种功绩实在难得。至于王国维为何要辑录整理《优语录》，他在文章开头这样说道：

元钱唐王晔日华，尝撰《优谏录》，杨维桢为之序，顾其书不传。余览唐宋传说，复辑优人戏语为一篇；顾辑录之意，稍与晔殊。盖优人俳语，大都出于演剧之际，故戏剧之源，与其迁变之迹，可以考焉；非徒其辞之足以裨阙失、供谐笑而已。吕本中《童蒙训》云：作杂剧，打猛诨入，却打猛诨出。吴自牧《梦粱录》谓：杂剧全托故事，务在滑稽。洪迈《夷坚志》谓：俳优侏儒，周伎之最下且贱者；然亦能因戏语而箴谏时政，世目为杂剧。然则宋之杂剧，即属此种。是录之辑，岂徒足以考古，亦以存唐宋之戏曲也。

由此不难看出作为一代学术大师，王国维确实具有非同寻常的独到眼光和卓越见识。

3. 唐宋大曲

《唐宋大曲考》，是王国维在连续五期发表于宣统二年（1910）《国粹学报》上《宋大曲考》基础上的深化之作，也是他继《戏曲考原》后对中国戏曲进行细化考证的又一篇大著述。

在这篇著述中，王国维指出"大曲"一词，最初见于东汉蔡邕的《女训》，而详细解释则在沈约的《宋书·乐志》中，是以同一种乐调重复演奏的大型乐舞。为了考证这种乐舞的起源，王国维参阅诸多史料和笔记，先是辑录宋代大曲的相关内容，随后从中发现宋代大曲实际上是出自唐代大曲，而唐代大曲又起始于《伊州》和《凉州》等曲目，由此得出大曲起源地在中国西北的边远地带，且与少数民族地区独创的一种杂剧相关联。所以，王国维在文章最后提出了"大曲与杂剧二者之渐相接近"这一新颖观点。

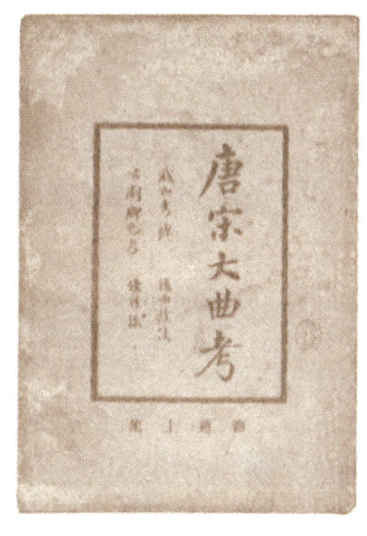

《唐宋大曲考》。

4.《录鬼簿》注

《录鬼簿校注》，顾名思义，是王国维对元朝钟嗣成所著《录鬼簿》的校注。钟嗣成，字继先，号丑斋，是元朝一位剧作家，他之所以撰写《录鬼簿》并取此奇异书名，人们由其自序中可以得到清楚的解答，还能够从中感受到作者对社会和人生的一些态度：

余因暇日，缅怀古人，门第卑微，职位不振，高才博识，俱有可录；岁月弥久，湮没无闻，遂传其本末，吊以乐章；复以前乎此者，叙其姓名，述其所作，冀乎初学之士，刻意词章，使冰寒于水，青胜于蓝，则亦幸矣。名之曰《录鬼簿》。嗟乎！余亦鬼也，使已死未死之鬼，作不死之鬼，得以传远，余又何幸焉。若夫高尚之士，性理之学，以为得罪于圣们者，吾党且啾蛤蜊，别与知味者道。

由此可知，这部完成于元至顺元年（1330）的奇书异典，是一部主要记述元代剧作家及其剧作的传记类著作。

在这部两卷本的著述中，钟嗣成共收录剧作家一百五十二人，剧作四百余种，其中不仅有今人比较熟悉的关汉卿及其剧作《窦娥冤》和《汉宫秋》等，更多则是一些不知名的剧作者及其作品。对于这些剧作家及其作品，钟嗣成既为他们一一作传、留存作品，还对生活窘困但有才华的底层剧作家，给予了充满感情色彩的点评。正是这样一部没有把笔墨涂抹给已经鲜亮名家的著作，自元代传世以来竟屡屡被世人传抄，也因此传到王国维手中时，已经是舛误比比，使其觉得实在有必要对这部著作进行重新校注。

王国维校注《录鬼簿》先后有三次：分别是光绪三十四年（1908）、宣统二年（1910）和宣统三年（1911）。在校注《录鬼簿》的过程中，王国维共借有三种抄本，一是从清政府学部参事厅参事官陈毅（字士可）处借得一部明代抄本，一是由清代曹雪芹祖父曹楝亭刻印的"楝亭本"，还有一种则是由京师图书馆馆长缪荃孙（字艺风）处借来的清朝初年尤贞起的手抄本。因为三种抄本是王国维跨度近三年才分别借得，所以他也先后有两个校本，第一个校本是以"楝亭本"为底本，参照明代抄本及诸多史料而成，后来送给了罗振玉的"大云书库"收藏，即现今《王国维遗书》中之所录；第二个校本是以明代抄本为底本,以"楝亭本"和后来借到的尤贞起抄本相互比勘,对《录鬼簿》中被后人删改的部分及原本遗漏的内容进行了恢复和补充。在校注过程中,王国维先后两次手抄全文,且留有"朱墨粲然"的诸多批注,正如他自己所说"此为第一善本也"。

其实,就在王国维自沉昆明湖两年后,郑振铎和赵万里在浙江"天一阁"发现了《录鬼簿》真正的"第一善本",因为这一抄本是明朝正德年间(1505~1521)人,根据明永乐二十年(1422)贾仲明抄补的《录鬼簿》进行重新抄录的一个版本,而王国维借到的《录鬼簿》那三种抄本,则是后人根据"正德本"再次删改的抄录本,其中"楝亭本"和尤贞起抄本删改得最为严重。所以,当赵万里发现"正德本"《录鬼簿》时,发出了"恨不得起先生于九泉以告之"的慨叹。

是的,王国维因为早逝而未能得见《录鬼簿》真正的"第一善本",确实是一件令人扼腕之憾事。

5."脚色"考辨

《古剧脚色考》,是王国维对唐宋以来中国古典戏曲中角色的渊源及其变化发展所进行的一次深入考证。

在这篇著述中,王国维旁征博引,融贯中西,对戏曲中各种角色的名称、源流、发展和变化进行严谨审慎的考证,对各种角色在剧中的作用及其如何发挥展示作用都作了科学分析,特别是他用西方心理学和生理学的观点来观照中国古老戏曲的这一做法,堪称是站在了世界文化前沿且带有中国特色的一次学术考证行动,在当时具有无人能及的前瞻性和科学性。为了使读者能够领略到王国维这次非同寻常学术考证行动的魅力,兹引录该论述的第一段如下:

戏剧脚色之名，自宋元迄今，约分四色，曰：生、旦、净、丑，人人之所知也。然其命名之义，则说各不同。胡应麟曰：凡传奇以戏文为称也，亡往而非戏也。故其事欲谬悠而无根也，其名欲颠倒而亡实也，反是而欲求其当焉，非戏也。故曲欲熟而命以生也，妇宜夜而命以旦也，开场始事而命以末也，涂汙不洁而命以净也：凡此，咸以颠倒其名也。（《少室山房笔丛》卷四十）此一说也。然胡氏前已有为此说者，故祝允明《猥谈》驳之曰：生、净、旦、末等名，有谓反其事而称，又或托之唐庄宗，皆谬云也。此本金元阛阓谈唾，所谓"鹘伶声嗽"，今所谓市语也。生即男子，旦曰妆旦色，净曰净儿，末曰末尼，孤乃官人，即其土语，何义理之有？《太和谱》略言之。（《续说郛》卷四十六）此又一说也。国朝焦循又为之说曰：元曲无生之称，末即生也。今人名刺，或称晚生，或称晚末、眷末，或称眷生，然则生与末为元人之遗。（《易余籥录》卷十七）此又一说。胡氏颠倒之说，似最可通。然此说可以释明脚色，而不足以释宋元之脚色。元明南戏，始有副末开场之例，元北剧已不然，而末泥之名，则南宋已有之矣。净之傅粉墨，明代则然，元代已不可考；而副靖之名，则北宋已有之矣。此皆不可通者也。焦氏释末，理或近之，然末之初，固称末尼。至净、丑二色，又则何说焉？三说之中，自以祝氏为稍允。但其说至简，无所证明，而《太和正音谱》《坚瓠集》所举各解又复支离怪诞，不可究诘。今就唐宋迄今剧中之脚色，考其渊源变化，并附以私见，但资他日之研究，不敢视为定论也。

在这里，王国维通过考释以往三种对戏剧中角色或错误或偏颇或缺失之说，阐明自己之所以要对"唐宋迄今剧中之脚色"进行考释的原因，并把这次考释作为"他日之研究"的资料准备。

确实，王国维在这里不仅考释角色渊源发展，还通过对角色的考释进一步推释中国古典戏剧的发展脉络，这为他随后撰写《宋元戏曲考》再一次奠定了坚实基础。

另外,王国维还对剧中角色的性格作出了科学分类、分析,以及剧中角色的面具、涂面和男女合演等问题进行了深入考释,所以这些论述都给人以高屋建瓴的感觉。这也许就是真正学术大师赋予人们的精神和学术享受吧。

6. 宋元曲考

做了这么多的铺垫,终于该触及在中国戏曲史上具有开创性和奠基意义的巨作《宋元戏曲考》了。

促使王国维动笔撰写《宋元戏曲考》的,是中国出版界的有识之士,即一向以编辑严谨及出版水平高人一筹的中国商务印书

宋元戏曲考。

馆人员。民国元年(1912)11月,王国维欣然接受商务印书馆的邀约,开始撰写《宋元戏曲考》。对于王国维来说,撰写《宋元戏曲考》是水到渠成顺理成章的事,但他依然保持着精审学者的高贵品格,因为在此期间他还在不断搜集资料,以望撰写出一部经得起历史检验的真正的伟大著述。例如,在此过程中他就曾写信向日本友人铃木虎雄筹借相关资料:

前闻大学藏书中,有明人《尧山堂外纪》一书,近因起草《宋元戏曲史》,颇思参考其中金元人传部分,能为设法代借一阅否?又郑樵《通志·金石略》中石鼓释文一本,亦奉借一观。

如此严谨精审的学术态度，其实是王国维以心血在为中国戏曲作史，因为随后他由于劳心费力过多而导致头痛和牙痛交替发作，一度中断《宋元戏曲考》的写作进程。即便如此，王国维还是仅以三个月的时间就将全部书稿杀青，至于他为何要如此急迫地完成这部著述的内因，从他的《自序》中不难找到答案：

凡一代有一代之文学：楚之骚，汉之赋，六代之骈语，唐之诗，宋之词，元之曲，皆所谓一代之文学，而后世莫能继焉者也。独元人之曲，为时既近，托体稍卑，故两朝史志与《四库》集部均不著于录，后世儒硕皆鄙弃不复道，而为此学者大率不学之徒，即有一二学子以馀力及此，亦未有能观其会通，窥其奥窔者，遂使一代文献，郁埋沉晦者且数百年，愚甚惑焉。往者读元人杂剧而善之，以为能道人情，状物态，词采俊拔，而出乎自然，盖古所未有而后人所不能仿佛也。辄思究其渊源，明其变化之迹，以为非求诸唐宋辽金之文学，弗能得也，乃成《曲录》六卷、《戏曲考原》一卷、《宋大曲考》一卷、《优语录》二卷、《古剧脚色考》一卷、《曲调源流表》一卷。从事既久，续有所得，颇觉昔人之说，与自己之书，罅漏日多，而手所疏记，与心所领会者，亦日有增益。壬子岁莫，旅居多暇，乃以三月之力，写为此书。凡诸材料，皆余所搜集；其所说明，亦大抵余之所创获也。世之为此学者自余始，其所贡献于此学者，亦以此书为多。非吾辈才力过于古人，实以古人未尝为此学故也。

在这则《自序》中，王国维还提到了今已散失无寻的一篇戏曲著述，即《曲调源流表》。据赵万里先生后来说，《曲调源流表》是王国维"考证各宫调曲调之源于乐府及诗余者"，然后以列表的方式整理而成。

宫调，是中国古代的一种音乐术语。例如宫、商、角、变徵、徵、羽、变宫这七声，其中以任何一声为音阶起点，均可构成一种调式，凡以宫声为音阶

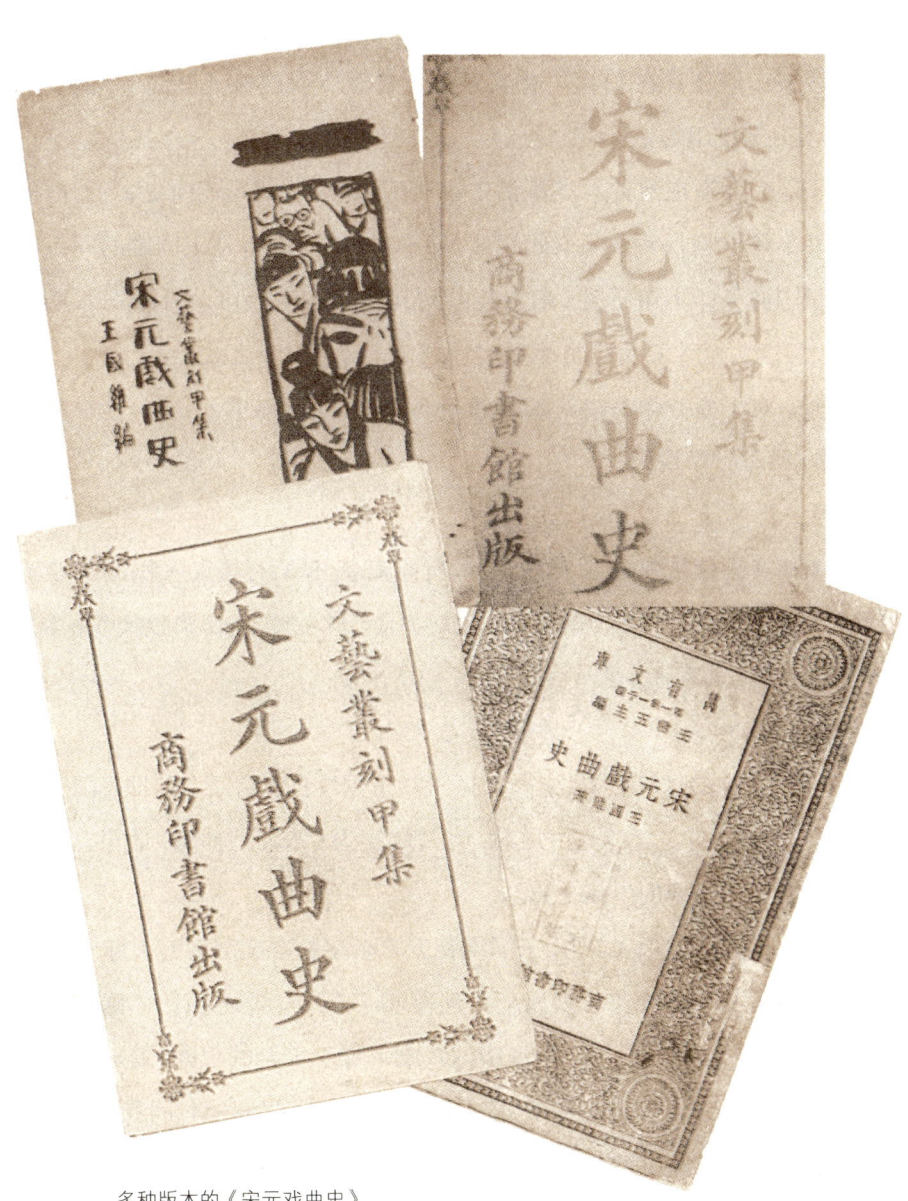

多种库本的《宋元戏曲史》。
上右《文艺丛刻》本为一九一五年初版。

起点的调式都称之为"宫",即宫调式,而以其他各声为主者则称"调",如商调、角调等,则统称为"宫调"。王国维所完成的《曲调源流表》,虽然只是一份列表,但从其在《自序》中特意提出来看,它对《宋元戏曲考》的撰写还是具有一定作用的。

另外,王国维在致铃木虎雄信中说"近因起草《宋元戏曲史》"而向他借书,并不是这里所说的《宋元戏曲考》。其实,这两者是王国维的同一部著述,只因商务印书馆所属《东方杂志》自民国二年(1913)4月1日分八期连载这一著述时,将《宋元戏曲考》更名为《宋元戏曲史》之故。

不过,对于商务印书馆对其著述更名之事,王国维并不认可,他曾写信向老朋友缪荃孙解说道:

但四五年中研究所得,手所疏记、心所储藏者,借此得编成一书,否则茌苒不能刻期告成。惟其中材料皆一手,说解亦自己所发明。将来仍拟改易书名,编定卷数,另行自刻也。

对于王国维的这一愿望,老友罗振玉在王国维自沉后第二年即民国十七年(1928)刻印《王忠悫公遗书》时,将其恢复为《宋元戏曲考》收录其中,也算是了却了王国维的生前之愿。

在这部《宋元戏曲考》中,王国维将五万余字的全文分为五大部分十六章,从其内容上来看确实应该属于考证范畴。这五大部分为:一、阐述中国戏剧的起源与发展过程;二、考证中国戏剧形成于宋金的根源,并对这一时期中国戏剧的现状予以论述;三、对元杂剧的源流、兴起的时间和地点,以及其存亡和结构等进行解析,并论述了其在中国文学史上的历史地位;四、对元杂剧的院本与南戏之间的渊源进行论述,特别是对南戏作了重点考证;五、作为全书的"余论",对中国戏剧进行了纵向和横向的比较论述。另

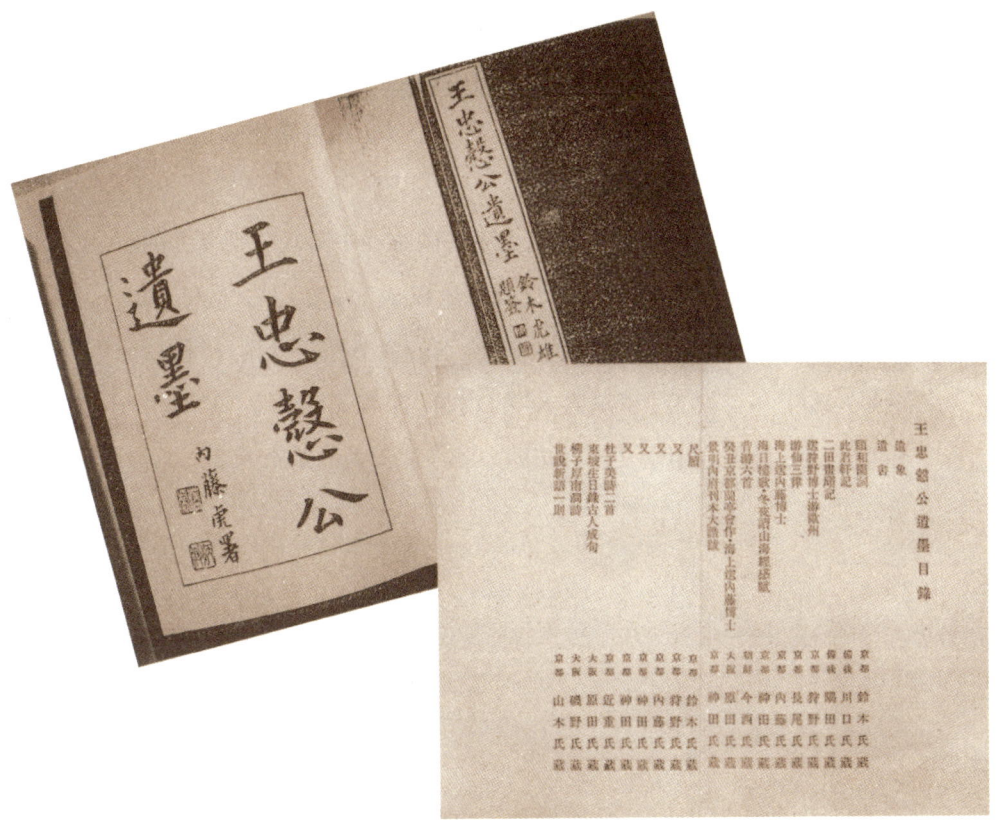

《王忠慤公遺墨》，日本博文堂一九二七年版。

外，王国维在全文之后还附录了四十三位元代戏曲家小传，这很显然是引自他在辑录《曲录》时所获。

对于王国维这部《宋元戏曲考》的价值和贡献，近一个世纪来用"好评如潮"来形容一点也不为过，且评价之高在学术界也是极为少见的。例如，梁启超于民国十二年（1923）在《中国近三百年学术史》中说："最近则王静安国维治曲学最有条贯，著有《戏曲考原》《曲录》《宋元戏曲史》等书。曲学将来能成为专门之学，则静安当为不祧之祖矣。"又如，郭沫若于民国三十五年（1946）在《文艺复兴》杂志上发表《鲁迅与王国维》一文中说："王国维的《宋元戏曲史》和鲁迅的《中国小说史略》，毫无疑问是中国文艺研究上的双璧。不仅是拓荒的工作，前无古人，而且是权威的成就，一直领导着百万的后学。"

正如梁启超和郭沫若所言，因为有了王国维在中国戏曲研究上的贡献，特别是随着《宋元戏曲考》的问世，戏曲不仅成为了专门之学——曲学，而且在当时还成为一门影响广泛的显学，吸引诸多中外学者投身其中，使千年来被文人雅士一直视为"下里巴人"的戏曲，拥有了与唐诗、宋词相齐名的"元曲"之谓，如今在中华文化百花园中已经成长为一朵奇葩。

四 流亡奔东洋 异域治国学

一九一六年王国维（左）在日本京都净土寺町永慕园与罗振玉合影。

在王国维埋首中国戏曲研究时,中国历史发生了天翻地覆的大逆转——辛亥革命。这种大逆转,使纯粹学者王国维看不到丝毫好转的希望,于是他不得不背井离乡,流寓异域。当然,以王国维一生心系学术之秉性,即便在流亡中也不废治学之本,且在突然转向的国学研究领域,不断取得了至今也鲜少有人能与之比肩颉颃的伟大成就。

异域忙避风 落魄度日艰

仓促流亡日本的王国维,没想到会在异域避居五年之久,再加上他原本不谙谋生的秉性,致使期间生活艰辛而落魄……

1. 流亡日本

宣统三年(1911)十月十日,辛亥革命的成功来得过于突然,突然得使广大民众还没反应过来是怎么一回事,就失去已经依傍了两千多年的主子——皇帝。于是,民众到处流窜,江南民众向首都北京逃难,而北方民众则前往江南避祸,乡村人大量拥进城市，而城市豪门则往乡村疏散，每个人都认为自己要去的地方是最安全的。其实，这时全国各地都一样，已呈现出极其混乱的无序状态，而随着人们盲目地到处乱撞，致使这种无序状态变得更加混乱。

面对全国如一锅乱炖的稀粥的局面，王国维本想返回老家海宁暂避风潮，但这时从天津到上海的船票价格已经疯涨得十分惊人，即便如此，要想买到这张比平时高出数十倍的船票，那也是比登天还难的一件事，何况家口众多而余资日少的王国维呢？与王国维同样愁眉不展的还有他的老朋友罗振玉，不过罗振玉的发愁与王国维有所不同，他既担心自己身为清政府四品大员属于革命党革命的对象，又为家中收藏的大批书籍和古物而担心。所以，当罗振玉找到"学学山海居"（位于北京宣武门内的新帘子胡同处的王国维书房）与王国维共商将前往何处避难时，他显得比王国维还要急迫。

就在两位老友一筹莫展时，昔日跟随罗振玉在武昌农学堂和江苏师范学堂等地任教的日本友人，从东洋彼岸发来了邀请。其中，日本本愿寺一位与罗振玉素昧平生的老主持大谷伯光瑞，竟直接派遣该寺在北京的一名僧人专门找到罗振玉，表示他愿意将自己的一处住所交给罗振玉全家居住。不久前返回日本的罗振玉和王国维两人共同的老朋友藤田剑峰，也在临行前极力劝说二人到日本暂避风潮。面对日本友人的盛情邀请和善意规劝，再看看身边如鸟兽散的清政府官员及旧日友人，特别是国内一日千里不可逆转的严峻形势，使罗振玉和王国维都感到还是先到日本暂避为好。

宣统三年（1911）十一月中旬，王国维与罗振玉、罗振常及罗振玉的女婿刘大绅（字季缨〈英〉，刘鹗之子）四家二十多人，终于在天津登上"温州丸"号日本商轮，从大沽口起航前往日本神户。这时虽是初冬时节，天津大沽口的海面上已开始结冰，但"温州丸"号千吨商轮内却有些燥热，燥热源是来自船内同往日本避祸的拥挤不堪的中国官宦和富商们。当时，由于罗振玉身居高位，且是日本学界推崇的中国学界顶级人物，故船长将自己的卧舱让于罗振

一九一二年至一九一六年旅居日本京都期间的王国维。

玉一家居住,而王国维等三家人就只能拥挤在货舱内了。

经历七天海上航行,王国维一行于当月27日抵达日本神户码头。走出船舱时,王国维和罗振玉等人都深为感动和意外,因为来自日本京都大学的藤田剑峰、狩野直喜、铃木虎雄、内藤虎次郎和富冈深藏等教授,竟共同出现在神户码头上——他们是专程从京都赶来迎接罗振玉和王国维等人的。随即,王国维和罗振玉等人被日本友人安置在京都郊外吉田山下田中村预先准备好的房屋内,然后又驱车来到京都狩野直喜教授家中,接受他们夫妇早已安排好的丰盛欢宴。

就此，王国维和罗振玉开始了他们流寓异域的生涯，也是二人学术合作最紧密、成就最辉煌的阶段。

2. 艰难度日

初到日本，王国维和罗振玉等都住在京都郊外吉田山的田中村，罗振玉一家住在山下，王国维和罗振常、刘大绅三家住在山坡上。这是一处环境幽静、景色秀美的小山村，几家人初居一起倒也热闹。不久，王国维由于家口众多，与几家人同住实在不太方便，便先后三次搬迁，最终定居在神乐冈净土寺附近的一处住所。这里距离罗振玉于民国二年（1913）在此购地自建名为"永慕园"的别墅不远，目的是便于二人交流和切磋学问。

当时，王国维确实有一个大家庭，成员除了王国维夫妇俩人外，还有四个儿子，即长子潜明、次子高明、三子贞明，以及于宣统三年（1911）一月二十九日由继室潘夫人所生的四子纪明（字季耿），还有男仆冯友和女仆"钱妈"二人，全家竟达八口人之多。这样一个没有任何经济来源的大家庭，在异域他乡要维持近五年的日常生活，实在不是一件容易的事。在这五年间，王国维家先由罗振玉每月资助一百元，后王国维主编《国学丛刊》得每月薪水二百元，另任《盛京时报》特邀撰稿人约定每月薪酬三十元，而这些都不是保障全家人稳定生活的长久之计。又如，最初依靠罗振玉每月资助一百元，毕竟不是王国维本心所愿意接受的；又如王国维主编的《国学丛刊》，原是罗振玉于宣统三年（1911）初创刊的一份学术刊物，后因辛亥革命而被迫停刊，在日本复刊则是民国三年（1914）的事了；再如，通过朋友介绍担任由日本人一宫房治郎在中国沈阳创办的《盛京时报》撰稿人，约定每月三十元报酬并没能按时支付。所以，当王国维后来返回浙江海宁祭祖时，他首先想到在上海谋求一份职位，以摆脱在日本过那种毫无定数的落魄生活。

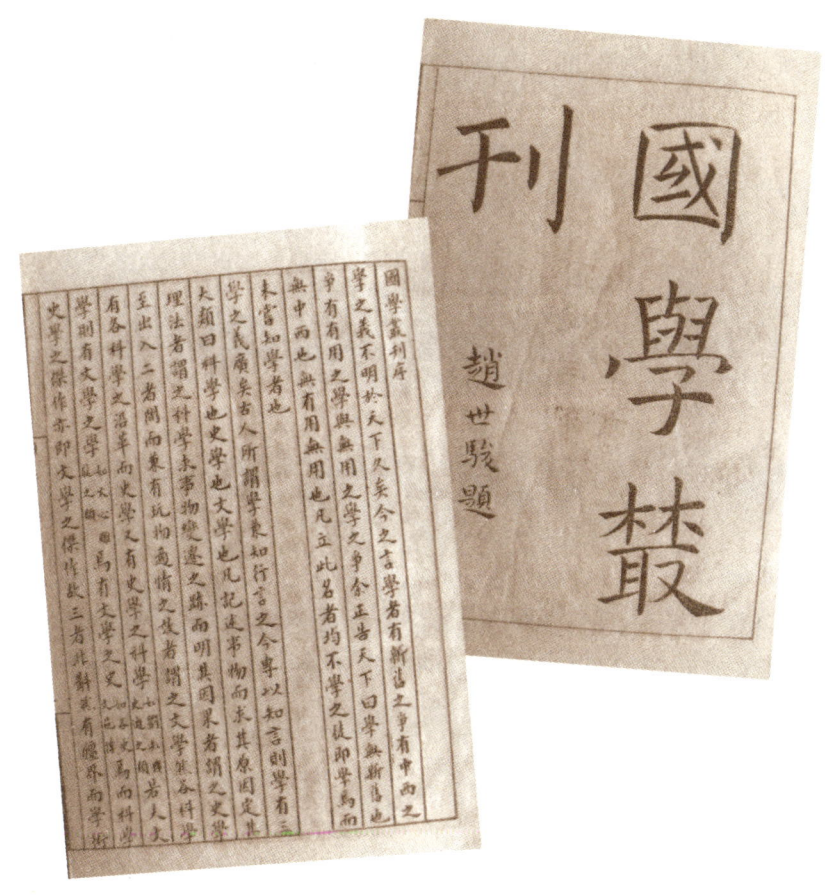

《国学丛刊》及王国维所作《序》，国学丛刊社一九一一年出版。

其实，王国维和罗振玉等人初到日本时，并没想到会在异域他乡居住近五年之久，本打算在日本暂避风潮，等国内局势平稳后便回到祖国。所以，罗振玉和王国维等人刚到日本田中村安顿下来，罗振玉便只身返回北京，当探知清政府覆灭只在朝夕之间，而革命成功的形势日益明朗的消息后，便于十多天后又回到了日本。既然短期内回国无望，罗振玉和王国维等人便开始作长期流寓日本的打算，而眼下最要紧的就是整理罗振玉那一大批因为长途搬

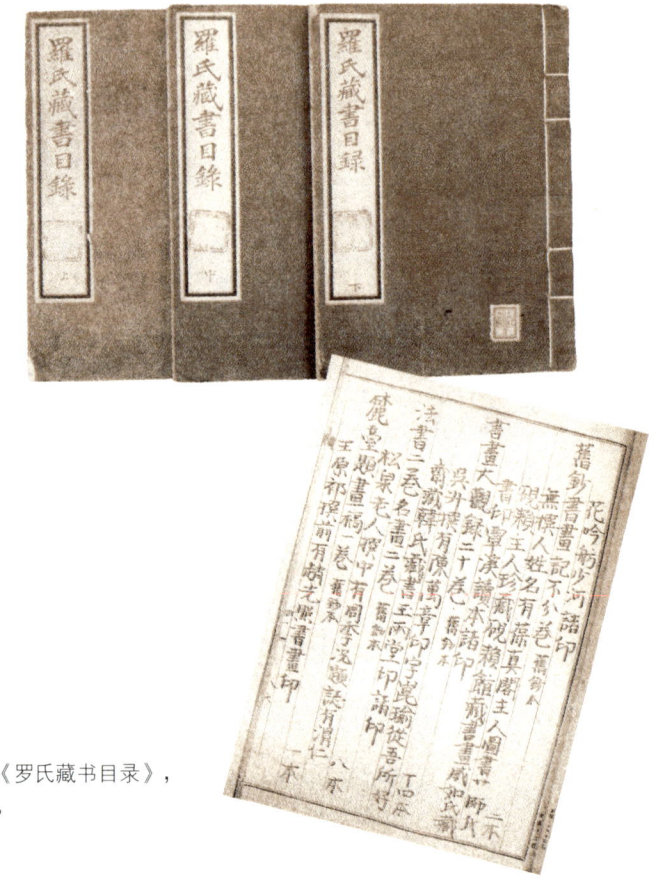

稻叶岩吉过录本《罗氏藏书目录》，辽宁省图书馆藏。

运已经混乱不堪的书籍和古器物资料。于是，罗振玉邀请王国维与他一起每天到京都大学图书馆清点、整理自己的那些藏品，经过两个人近三个月的精心整理，终于使杂乱无序的藏品有了一个比较系统的分类和准确数目。面对这些数量惊人的藏品，罗振玉和王国维都感到震惊，因为仅藏书就多达五十余万册，另有古器物及其标注拓本数千件，以及上万片极为珍贵的甲骨。这个数字，既使罗振玉第一次清楚自己藏品的家底，也让王国维第一次得知并见识了罗振玉拥有藏品之丰富。

回归故国学 "善自命题"忙

就在王国维和罗振玉每天钻到京都图书馆整理藏品的时候,中华大地已改朝换代,小皇帝溥仪在隆裕皇太后的宣告下退位,中华民国则在南京宣告成立,但中国就此陷入长达数十年的混战中。国已不国,国学何存?远在异域流亡的纯粹学者王国维,以自觉而强烈的学术意识感到自己应该回归国学,为已经被纷乱新学搅扰得濒临破碎的堂堂国学尽一份中华学者之责。

1. 简牍检署

王国维回归"国学"的征途,是从《简牍检署考》正式开始的。

民国元年(1912)初春,王国维完成的《简牍检署考》,旨在考证中国古代书册制度的演化源流,全文一万三千字,王国维却先后四次修改和完善,可见他对这一著述用功之甚、重视之深。考证过程中,王国维参阅中国历代学者的相关论述,相互比对,校正舛误,还参照法国和日本等学者对中国书册制度进行的考释,检索其中缺漏,

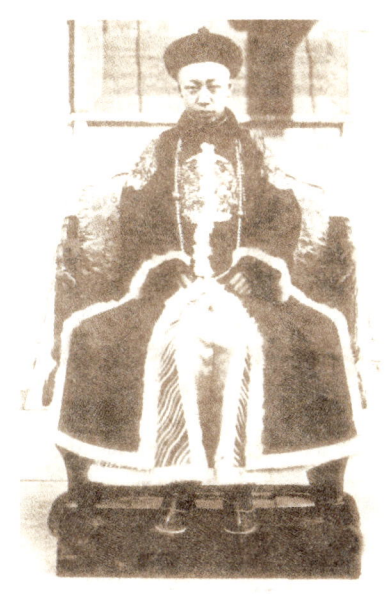

溥仪。

纠正谬误，使自己对中国书册制度有一个全面深入的了解。随后，王国维又利用罗振玉在北京时从匈牙利汉学家斯坦因当年于中国新疆天山及敦煌等地盗掘所得、如今都为"大云书库"所藏的汉简拓片，对相关著述和史书中关于书册制度的点滴记述进行验证。这种利用地下发掘实物比照文献史料的治学方法，后来被称为"二重证据法"，一改中国学者以往只习惯于在史籍中梳爬的方法，从而开辟了中国学者学术研究的新途径。

在这篇学术著述中，王国维还首次运用乾（隆）嘉（庆）学派比较科学成熟的"分类考证法"，对简、牍、检、署进行分别考释，再加上他从西学中掌握的逻辑法，使这篇学术著述明显比以往相关著述更具有科学性。所以，当王国维刚一完成这篇著述，日本友人铃木虎雄便将其翻译成日文，分三期连载于由其主编的《艺文》杂志上，随即赢得日本汉学界的一致好评。当中国学界获见这一著述时，不仅给予高度评价，还对王国维的学术转向表示了深

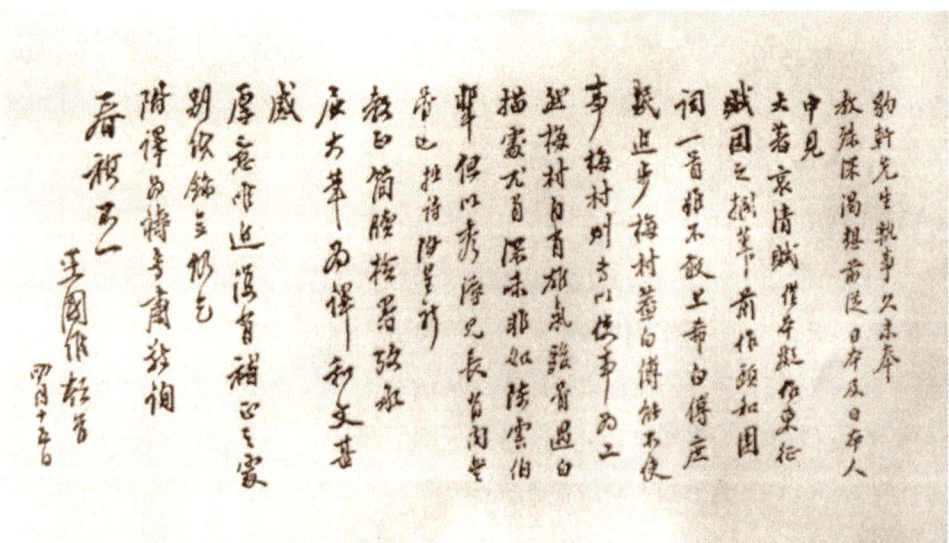

王国维致铃木虎雄函，内容有关《简牍检署考》，刊于《王忠悫公遗书》，日本博文堂一九二七年版。

切关注。譬如，民国四年（1915）罗振玉在上海拜访学界前辈沈曾植时，他就指着桌案上王国维的《简牍检署考》说："即此戋戋小册，亦岂今世学者所能为。因评骘静安新著，谓如《释币》及考地理诸作，并可信今传后，毫无遗憾，推挹甚至。"后来，余嘉锡在其《书册制度考》中也认为："近世王静安先生作《简牍检署考》，而后简册之制大明。"

由此可见，这篇著述在国学界影响之深重，同时也表明王国维回归国学的成功。

2. 齐鲁封泥

与《简牍检署考》堪称姊妹篇的，还有王国维于民国二年（1913）辑成的《齐鲁封泥集存》。

这年一月，罗振玉以日本友人的名义，在田中村净土寺旁购买土地建造了一幢别墅，其中整个二楼用来存放从京都图书馆搬迁而来的那些藏品，罗振玉为其起名为"大云书库"，楼下的一间书房内并置有大小两张书桌，那是罗振玉和王国维日常著述做学问的地方。在这里，两位学术大师朝夕相伴，同学共进，彼此在学问上都取得了别人难以比肩的辉煌成就。在王国维所取得的诸多国学研究成果中，《齐鲁封泥集存》不算是得意之作，但治学途径值得赞叹。

所谓封泥，其实就是在捆扎简牍的丝绳两端或交叉处用黏土固定封存，并在黏土上钤印以备验证，而这块盖有印文的黏土就叫"封泥"。这块相当于后来火漆或现代封条的"封泥"，也有叫"泥封"或"芝泥"的，主要随记载有重要文书的简牍而存在，一般盛行于两千多年前的秦汉时期。简牍本身易腐烂损毁，保存数量极为罕见，而封固简牍的泥块就更难以留存。在难以留存的封泥上，一般只有寥寥几字作为标识，没有专门知识的人是极难明了其中深意的。那么，王国维为什么要辑成这样一部偏门著述呢？

其实，很早就对封泥予以关注并着力搜集相关资料的，并不是王国维，而是罗振玉。至于罗振玉是何时知道封泥的，已经无法说清，但引起他兴趣的，则是一位名叫刘燕庭的人根据道光二年（1822）在四川首次出土的六枚封泥所拓之拓片。随后，罗振玉搜集了吴式芬与陈介祺两位学者合作完成的中国第一部关于封泥的专著《封泥考略》（十卷）等，还从亲家刘鹗处亲眼目睹了其收藏的百余枚封泥真品，这更加拨动并强化了他的学术敏感。

民国二年（1913），当罗振玉沉浸在整理敦煌遗书和殷墟甲骨文考释时，他鉴于王国维深厚的历史和地理学养，便邀请他帮助整理"大云书库"所藏的封泥拓本。罗振玉深知这些封泥拓本的学术重要性，更清楚由"善自命题"的王国维加以整理，定能发掘其中别人难以发现的学术价值。果然，王国维细致整理"大云书库"所藏的封泥拓本或拓片后，又对照《封泥考略》所录八百四十九枚汉代封泥图式，以及其他相关著述中零星收录的封泥图式，发现其中疏漏很多，且有些考释也是舛误的。于是，王国维按照《汉书》表系编次，对《封泥考略》所缺而"大云书库"所藏的封泥拓本拓片，重新进行编次和整理，然后"付诸精印，以行于世"。

值得一提的是，在这部与《封泥考略》并行于世、互为补充的《齐鲁封泥集存》中，王国维以卓越深邃的学术目光，从小小封泥上那寥寥几字便可考释出古代官制和古代地理形态，这实在让人不敢望其项背。例如，在《齐鲁封泥集存》的序言中，王国维提出由封泥考释出"汉诸侯王官属与秦无异"的这一结论，就明确地解决了以往人们通过史书资料而没能考证确凿的问题。例如，王国维在辑成《齐鲁封泥集存》的基础上，还撰写了《秦郡考》《秦都邑考》和《汉郡考》等著述，都很好地解决了秦汉历史和地理中存在的一些疑问。对于在封泥方面所取得的学术成就及由此所进行的研究，王国维自己也很满意，如他在这篇序言中说：

凡此数端，皆足以存一代之故，发千载之覆，决聚讼之疑，正沿袭之误。其于史学，裨补非鲜。若夫书迹之妙，冶铸之精，千里之润，施及艺苑，则又此书之馀，而无待赘言也。

诚如斯言，王国维回归国学后所编撰的《简牍检署考》和《齐鲁封泥集存》这两篇著述，不仅引领该领域学术研究之风骚，随后所取得的一系列国学研究成果，也是辉煌连缀、耀人眼目的，例如下面将要解析的《流沙坠简》。

3. 流沙坠简

其实，《流沙坠简》与以上两篇著述堪称"姊妹三花"，而这朵"花"应该说更加芬芳隽永，耐闻耐看。

说起这朵由罗振玉和王国维两人共同培植的隽永之"花"，起因来自匈牙利探险家斯坦因和法国汉学家沙畹，以及由沙畹对斯

王国维手稿。

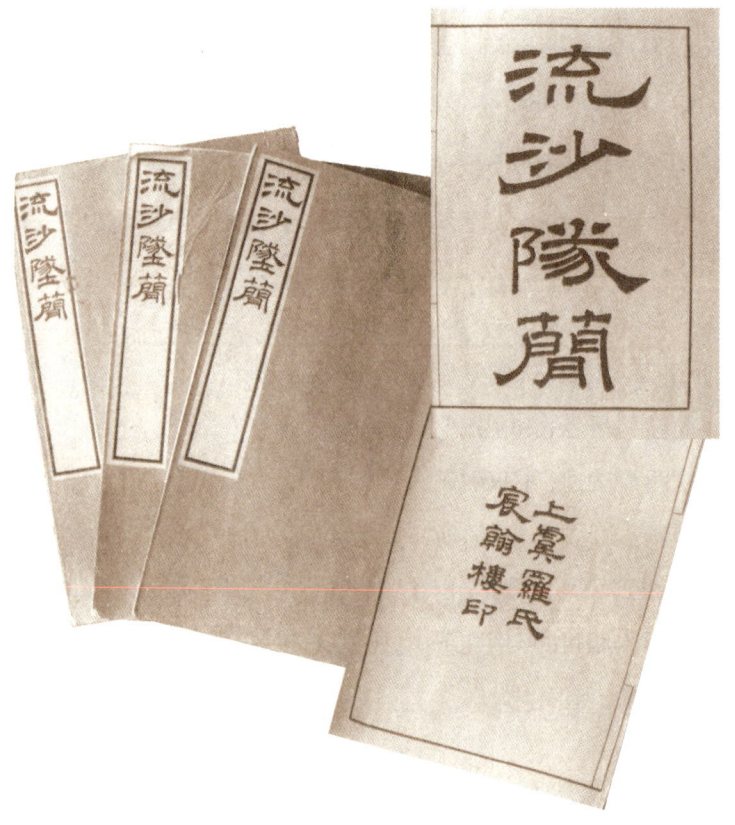

《流沙坠简》，上虞罗氏宸翰楼一九一四年刊。

坦因从中国掠走的那些汉简进行考释写成的未刊行一书。当沙畹将其考释的九百九十一枚汉简的未刊稿寄给罗、王之后，罗振玉让三子罗福苌对这部用法文撰写的著述予以汉译，并与王国维共同"拜读"。细致"拜读"后，罗、王两位学术大师都深感遗憾，这不仅因为记载中国汉代边郡历史且出土于中国的文物，竟流失国外并由外国人率先撰写了考释文章，而且由于这位外国学者对中国历史和地理等方面的知识储备不足，导致该著述中舛误比比皆是，这实在让罗、王这两位有强烈学术良知的大学问家不能等闲视之。于是，罗、王二人决定对这部未刊行著述进行重新考订，以还原"流沙汉简"充满魅力的真实面貌。

民国三年（1914）1月，罗、王分工协作，开始对沙畹所写《斯坦因在土耳其斯坦沙漠发现的汉文文书》中所录的九百九十一枚汉简中具有诸多舛误的五百八十八枚重新进行考释。历时三个多月完成的《流沙坠简》（三卷），罗振玉主要负责其中与小学、术数、方伎及残损或字迹不清的简牍进行考释，王国维则对记述汉代屯垦戍边军事方面内容的残损简牍进行考释。《流沙坠简》初名《屯戍丛残考释》，由此可见王国维考释的内容，无疑是这部著述之重点。

关于这部由罗、王两位学术大师相识十五年来首次合著的成书经过，王国维于民国十四年（1925）在《最近二三十年中中国新发见之学问》的讲稿中，曾有这样一段文字：

> 汉人木简，宋徽宗时已于陕右发见之。靖康之祸，为金人索之而去。当光绪中叶，英印度政府所派遣之匈牙利人斯坦因博士（M.Aurel Stein），访古于我国和阗（Khotan），于尼雅河下流废址，得魏晋间人所书木简数十枚。嗣于光绪季年，先后于罗布淖尔东北故城，得晋初人书木简百余枚，于敦煌汉长城故址，得两汉人书木简数百枚，皆经法人沙畹教授（Ed.Chavannes）考释。其第一次所得，印于斯氏"和阗故迹"（Sand-buried Ruins of Khotan）中。第二次所得，别为专书，于癸丑甲寅间出版。此项木简中，有古书、历日、方书，而其大半皆屯戍簿录，于史、地二学关系极大。癸丑冬日，沙畹教授寄其校订未印成之本于罗叔言参事，罗氏与余重加考订，并斯氏在和阗所得者，影印行世，所谓《流沙坠简》是也。

在民国三年（1914）4月完成的这部著述中，罗、王对中国史地两学所创获

的主要贡献,正如罗振玉在《流沙坠简序》中所说:

乃知遗文所记,裨益甚宏。如玉门之方位,烽燧之次弟,西域二道之分歧,魏晋长史之治所,部尉由侯数有前后之殊,海头楼兰地有东西之异。并可补职方之记载,订史事之缺遗。

对于这样一部有着非凡意义的著述,王国维在民国三年(1914)7月17日写给好友缪荃孙的信中,也表达了自己的满意:

岁首与蕴公(即罗振玉)同考释《流沙坠简》,并自行写定,殆尽三四月之力为之。此事关系汉代史事极大,并观存之汉碑数十通亦不足以比此。东人不知,乃惜其中少古书,岂知纪史籍所不纪之事,更比古书为可贵乎。考释虽草草具稿,自谓于地理上裨益最多,其余关乎制度名物者亦颇有创获。

对于这样一部伟大的著述,民国十一年(1922)鲁迅在《热风·不懂的音译》中评价说:"中国有一部《流沙坠简》印了将有十年了。要谈国学,那才可以算一种研究国学的书。开首有一篇长序,是王国维先生作的,要谈国学,他才可以算一个研究国学的人。"

4. 明堂寝庙

拥有深厚的儒家经典之积累,王国维在国学领域的研究简直是如鱼得水,所涉范围大为拓展。例如,他在细读"十三经"过程中完成的《明堂寝庙通考》一书,俨然是一部中国古代宫室建筑史了。

明堂,原指古代帝王宣明政教的场所。而这样一处极为重要的政治兼教育活动场所，其建筑制度却多有变化，以至到秦朝时就已模糊了先前的具体制度，到汉朝后更是众说纷纭，聚讼不决。对此，王国维参阅了《史记》《考工记注》《三礼图注》《明堂通释》和《隋书》等大量典籍，并与新出土的甲骨文及金文等进行对照考订，从而廓清了明堂建筑制度的历史迷雾，为古代宫室建筑历史和礼制做了科学的总结。

在这篇著述中，王国维同样发扬其贯通中西学问之长，采用演绎、比较和归纳的治学方法，溯本追源，详加考释，将明堂最初由家庭居室到帝王宫室的演化过程，予以详细分析，并对宗庙和寝庙等建筑的形制及名称作了明晰的讲解。

对于这样一部著述，王国维在刚完成第一卷时，便欣喜地写信告知好友缪荃孙说："顷多阅金文，悟古代宫室之制，现草《明堂寝庙通考》一书，拟分三卷：已说为第一卷（已成），次驳古人说一卷，次图一卷。此书全根据金文、龟卜文，而以经证之无乎不合。脱稿之后，再行呈教。"

5. 布帛通考

《明堂寝庙通考》完成两月后，王国维又拿出了与其迥异的另一篇著述——《布帛通考》，即后来定名为《释币》之作。

在这部上下两卷本的著述中，王国维以其广采博识，通过汉魏以来之历史文献比对出土文献实物，对自汉代至元代的布帛价格进行排比综合，并参照金银价格的涨落，对两者之关联作出了精审的考释。由此可见，这是一部通过中国服饰文化来考察古代经济状况的专著。

与《释币》相比，王国维后来撰写了一部饶有趣味的堪称中国少数民族服饰史的著述——《胡服考》。

在撰写这部著述的过程中，王国维通篇采用大段排比式的史料，可以说是引经据典，考证精密，参阅和引用的典籍数量极为庞杂。在这部初名《袴褶服考》中，王国维明晰地梳理了胡服流行于中国之经过，以及历朝历代胡服的演变情况，还对胡服在各个朝代中与其相配使用的各种装饰品，以及服装的质地和颜色等进行考释。值得一提的是，王国维还就此展开对中国古代汉族与少数民族之间的文化交流，以及中国北方少数民族的历史进行考察，这恐怕不是一般专门学术著述所能巧妙涉猎的吧。

6. 金石地理

善自命题的王国维，在学术转向上向来干脆洒脱，毫无拖泥带水。譬如，在盛行于乾（隆）嘉（庆）年间的金石学方面，王国维虽未取得更加辉煌的成果，但筚路蓝缕之功不能抹杀。

自民国三年（1914）6月始，王国维利用四个月的时间就编撰了《宋代金文著录表》和《国朝金文著录表》（六卷）等著述及两篇序文。由于他采用分类著录，并加注新式简称，使这些著述成为金文研究者不可缺少的工具书，且大受学界的赞扬。

短时间内完成如此浩大的著述工程，王国维深知其中难免有疏漏，故在序言中恳请后世学者予以补录。特别是王国维回国后，相继撰写的《毛公鼎铭考释》《两周金石文韵读》《秦新郪虎符跋》和《小盂鼎跋》等文章，表达了他对金石学的继续喜好和研究，还因此引导后世学者从事这方面的学问，并以此扬名中国学界。

倘佯于青铜器等古器物铭文考释中时，王国维对历史地理产生了浓厚兴趣，并撰写了为他在这一领域赢得巨大声誉的两部著述：《鬼方昆夷猃狁考》和《生霸死霸考》。

在初名《古代外族考》后定名为《鬼方昆夷猃狁考》中，王国维参阅盂鼎、梁伯戈和毛公鼎等青铜器铭文，对照《史记》《诗经》《竹书纪年》和《易经》等典籍，运用古地理学和古音韵学等知识，首先指出"鬼方"是族名而不是地名的论点，随后指出"鬼方、昆夷、荤粥、猃狁，自系一语之变，亦即一族之称"。而这一族即是匈奴。作为中国近代第一位考释匈奴民族源流的学者，王国维不单考释出匈奴民族族名的变化过程，还就此引起他对这一民族多年来融合变化问题的关注，但由于资料不足，他坦率地表示只是提出这一问题，留待后人详加考证。其实，王国维这部著述考证精审，论述严谨，且论点得到学界广泛认同和赞赏。例如，梁启超在《中国历史上民族之研究》一文中说："今人王国维著有《鬼方昆夷猃狁考》，在《雪堂丛刊》中，最精核。"

《生霸死霸考》，是王国维研究中国古代历法的一篇著述。霸，在这里读pò，又可写作"魄"，是指阴历月初时的月光。汉代刘歆在《三统历》中说："死霸，朔也；生霸，望也。"对此，自清代以来一直莫衷一是，甚至搞不清什么是"生霸"、"死霸"，就连清代大学者俞樾在援引汉代大儒许慎和马融等相关著述证明自己观

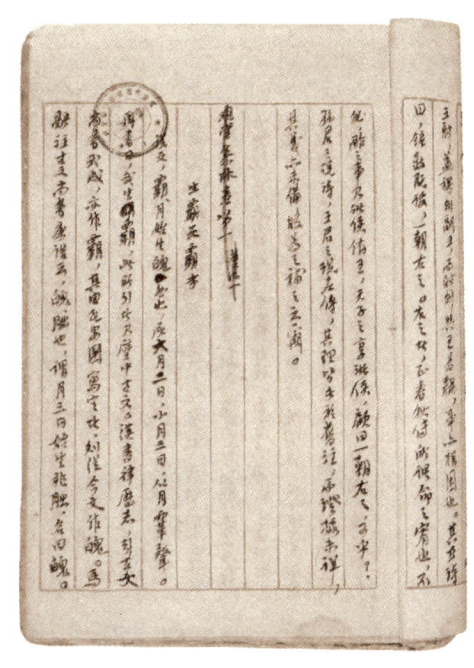

王国维学术论文集之《生霸死霸考》。

《𠫑鼎铭跋》手迹，上海博物馆藏。

点的过程中,也出现了偏差。于是,王国维根据许慎的《说文解字》等典籍比照曶鼎等三代青铜器铭文,指出这是古代把一个月分为四份的做法:"一曰吉初,谓自一日至七八日也;二曰即生霸,谓自八九日以降至十四五日也;三曰即望,谓十五六日以后至二十二三日;四曰即死霸,谓自二十三以后至于晦也。"对于王国维的这一解读,学界现在虽有争议,但还没能提出驳倒这一解说的系统理论。

由此可见王国维这一不朽名著的重大贡献和非凡影响。

千年龟甲片　成就罗王学

作为现今所知最早的中国文字,甲骨文的出土、发现及研究都充满了传说和变数,直到王国维与罗振玉这两位学术大师介入其中,才真正开启了这门新兴学问的研究正途。

1. 甲骨传说

关于是谁最先发现甲骨文的问题,由于传言中的主人公王懿荣是当时国家最高学府的最高级官员,是著名的古文字学者和金石学家,故由其发现甲骨文的传言便让人们信以为真。在长达一个多世纪的传言中,虽有一位学者提出异议,但相对于散布广泛且时间久远的传言来说,他的声音实在是太微弱了,微弱得连当今最为活跃的文化学者余秋雨先生也只能说:

我没有读到王懿荣从自己的药包发现甲骨文的具体记载,而且当时药店大多是把"龙骨"磨成粉末再卖的,上面说的情节不足以全信,因此只能标明"据传说"。但可以肯定的是,正是在那个深秋,由他发现了。在他之前,也有人听说过河南出土有字骨版,以为是"古简"。王懿荣熟悉古籍,又见到了实物,快速做出判断,眼前的这些有字甲骨,与《史记》中"闻古五帝三王发动举事必先决蓍龟"的论述有关。

在这里,余秋雨先生虽表示"上面说的情节不足以全信",但他还是肯定了是由传说中的主人公发现了甲骨文,即便这段话说得很精妙,在"由他发现了"的后面没有加上任何宾语。

与余秋雨先生对这一传言有相似认可程度的,还有钱剑平先生在《一代学人王国维》中的一段文字:

传说金石学家,当时任国子监祭酒(相当于最高学府的官员)的王文敏(懿荣)因病去宣武门外菜市口达仁堂抓中药,药中一味"龙骨"颇为奇特,王懿荣从药店回家,仔细把看,发现上面奇异的图案像文字。欣喜之余,叫人把药店里的"龙骨"统统买下,并命人假传"龙骨"的发掘地。这就是传说中的王懿荣

钱剑平所著的《一代学人王国维》封面。

发现甲骨文。这传说经人调查并无根据。但是，历史上王懿荣确实是第一位判定那些甲骨上刻画的图案、线条是古代的文字，是他发现了甲骨文。

钱剑平先生的论述，远没有余秋雨先生的文字"圆滑"，他一个"但是"便将"经人调查并无根据"的传说转折成了事实。

如果说余秋雨和钱剑平两位先生对传说还持有怀疑或否认精神的话，那么陈铭先生则在《潮落潮生——王国维传》中没有丝毫怀疑，而是直接说"甲骨文字的发现，首功应推当时国子监祭酒（国家学府最高官员）王懿荣（1845~1900）"，接着便将传说当作信史写进了自己的著作中。

列举以上三说，不仅因为三位学者本身影响较大以及其著述流传甚广，而且更容易使人们信任其说，并因此使传说传说得更加广泛，故觉得有必要在此澄清甲骨文发现权的归属。虽然笔者采信刊登于1984年第五期《天津师范大学学报》上的一篇论述，但由李先登先生撰写的这篇题为《关于甲骨文最初发现情况之辩证》一文，辩证合理而精审，确实值得采信，而且其观点已被诸多大学教材《考古学通论》所采用。如此，不妨摘录其中一段以更正流传已久的甲骨文发现权之舛误：

过去一直把甲骨文的发现说成是1899年王懿荣偶然在中药材龙骨上发现的。近年有人研究证明，甲骨文是1898年由河南安阳村民掘得，后来为古董商注意，天津的王襄和孟广慧是最早鉴定、发现和搜集甲骨文的人。

李先登先生不仅否认王懿荣的甲骨文最先发现权，还指出是由天津的王襄和孟广慧两人最早发现并鉴定、搜集甲骨文的。不过，王襄和孟广慧的知名度和学识，毕竟不如国子监祭酒王懿荣，故从某种意义说由王懿荣领受甲骨文的发现权似乎更合适些。当然，不能因为某种感觉合适而篡改历史，也不能因为将甲骨文发现权归还给王襄和孟广慧，而否认王懿荣对甲骨文做出的重大贡献，毕竟由于王懿荣大量收购甲骨文，才避免或减少甲骨（文）被研磨成药粉灌进病人的肠胃里，才使祖先创造的这一辉煌成果随后被子孙认可，并经过优秀子孙学者的精心"研磨"而成为一种不朽。

2. 学人忠魂

光绪二十五年（1899），当王懿荣几乎收购了整个京城药店里的"龙骨"后，又不惜重金派人到处搜求，使其在短期内就拥有了多达一千五百余片甲骨。然而，王懿荣还没来得及对刻画在甲骨上的线条和图案进行考释时，一场战争迫使他告别这些奇异甲骨的同时，也将"王懿荣"这三个字更加深刻地留在了中国古文字研究史上，虽然使他名垂竹帛的方式过于惨烈——不甘受辱而投湖身亡。

王懿荣走了，家中除了留下包括那一千五百余片甲骨在内的诸多古器物外，还有收购这些古器物所花费的高额债务。于是，王懿荣之子王翰甫勉强支撑因为父亲清廉而今清贫家境两年后，不得不于光绪二十八年（1902）将父亲生前极为珍视的那些甲骨悉数转卖给了刘鹗。出生于咸丰七年（1857）的刘鹗，字云臣，一字铁云，又字蝶云，笔名鸿都百炼生，亦称老残，即撰有著名谴责小说《老残游记》的作者。籍贯江苏丹徒（今属淮安）的刘鹗，精通数学、医术、音律和水利，也是一位金石学家。他收购好友王懿荣遗留的甲骨后，深知其重大价值，随即也开始广泛搜求甲骨，致使短期内便拥有甲骨五千余片。

当时，正在刘鹗家中教授其子刘大绅读书的罗振玉，敏锐地意识到这将是一门新学问，遂奉劝刘鹗挑选其中精良完整者拓片出版。不过，刘鹗正在创作名留青史的谴责小说《老残游记》，一时没能抽出时间对甲骨进行整理。直到他那部不朽著作于光绪二十九年（1903）出版后，才全力投入到这些甲骨的系统整理中，并从中挑选出一千零五十八片拓印出版了《铁云藏龟》。这是将神秘甲骨文字公布于世的第一部专书。在这部书中，刘鹗首次提出这些甲骨上的线条和图案是"殷人刀笔文字"，也就是将甲骨文定位为商殷时代的文字。与此同时，罗振玉在为《铁云藏龟》所写的序言中，也通过甲骨文订正和弥补了史书中的一些舛误和遗漏。由此可见，无论是刘鹗将甲骨文定位为殷商文字，还是罗振玉指引甲骨文的研究方向，都可以说是正式开启了甲骨文的研究历史。非常遗憾的是，刘鹗和罗振玉都没有对甲骨文继续进行深入研究，罗将研究目光转向当时大量出土的古器物上，而刘则于光绪三十四年（1908）被罗织罪名流放到新疆，遂在第二年八月二十三日突发脑出血死于戍所。

其实，在刘鹗没走之前，即光绪三十年（1904），著名教育家、国学大师孙诒让在得到《铁云藏龟》后，同样敏锐地认识到甲骨文的重要性，并凭借精深的文史知识和文字学养，以精审的学术态度对甲骨文进行了研究。在此过程中，孙诒让科学地将甲骨文与六书相联系，从文字学角度对甲骨文进行考释和研究，既考释出许多甲骨文字，还研究了甲骨文的字形和字

刘鹗。

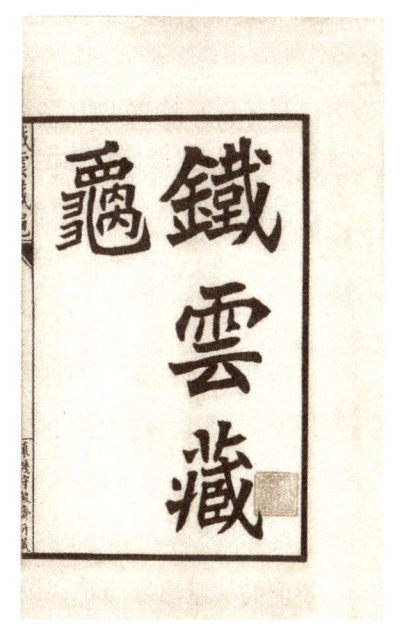

《铁云藏龟》。

义，并撰写出版了《契文举例》一书。这是第一本真正意义上的甲骨文研究专著。可同样遗憾的是，出生于道光二十九年（1849）的孙诒让，在完成《契文举例》后便于光绪三十四（1908）悄然逝去。

于是，研究甲骨文的重任落到了罗振玉和王国维这两位学术大师的肩上。

3. 罗王联手

光绪二十八年（1902），罗振玉在刘鹗家首次目睹甲骨时，便肯定刻画其上的线条和图案是一种罕见文字，故有促使后来成为亲家的刘鹗选拓出版《铁云藏龟》之举。

光绪三十二年（1906）二月，罗振玉奉调清廷学部任参事后，便开始大肆收购甲骨。其中，他除了接收亲家刘鹗遗留的部分甲骨外，还指派弟弟罗振常及其妻弟范恒斋，前往甲骨出土地——河南安阳小屯村从村民手中直接收购。据说，罗振常和范恒斋在小屯村曾一次收购甲骨两万余片，运回北京后即便淘汰其中由村民伪造的大部分外，仅此一次也收得甲骨三千余片。经过这样的大肆收购后，罗振玉在短时间内竟拥有甲骨多达数万片，这是王懿荣和刘鹗生前不曾见识过的。罗振玉搜藏甲骨数量之所以快速达到之最，在于他准确地锁定了甲骨的出土地，即他在刘鹗划定甲骨为殷商这一断代的基础上，又凭借自己的学识将甲骨出土地与《史记》中"洹水南殷墟上"的记载相联系，因为小屯村恰恰就在洹河边上。当然，罗振玉不仅准确地将甲骨出土地定位于小屯村，还确定其为中国古代传说中那极为辉煌繁盛的朝代——殷商的都城遗址，这一贡献应该说是功莫大焉。

不过，罗振玉收购甲骨鼎盛之时，恰逢清王朝土崩瓦解之日。于是，他不得不将多年来收藏的大批图书、古器物及数万片甲骨一同运往日本，从而开始他潜心研究甲骨文的历程。之所以说从这时开始罗振玉才得以潜心研究甲骨文,是因为此前他已对甲骨文有所研究,并撰写出版了《殷商贞卜文字考》一书,且多达二十卷的《殷墟书契》(前编)也于宣统三年(1911)初春全部杀青,只是当时他有诸多政务要处理,还不能全身心投入甲骨文的研究中。

同年十一月二十七日,罗振玉和王国维东渡日本后,王国维开始回归国学时,罗振玉则痴迷于甲骨文的研究,且接连出版了《殷墟书契考释》《殷墟书契菁华》《铁云藏龟之余》《殷墟书契》(后编两卷)、《殷墟古器物图录》和《殷墟书契待问编》等。与罗振玉研究甲骨文相比,王国维一开始就视点独特,因为罗偏重于对甲骨文字的释读,而王则以甲骨文字为切入点,开始对殷商历史展开研究,这在王国维后来完成的《殷周制度论》中有深刻体现。不

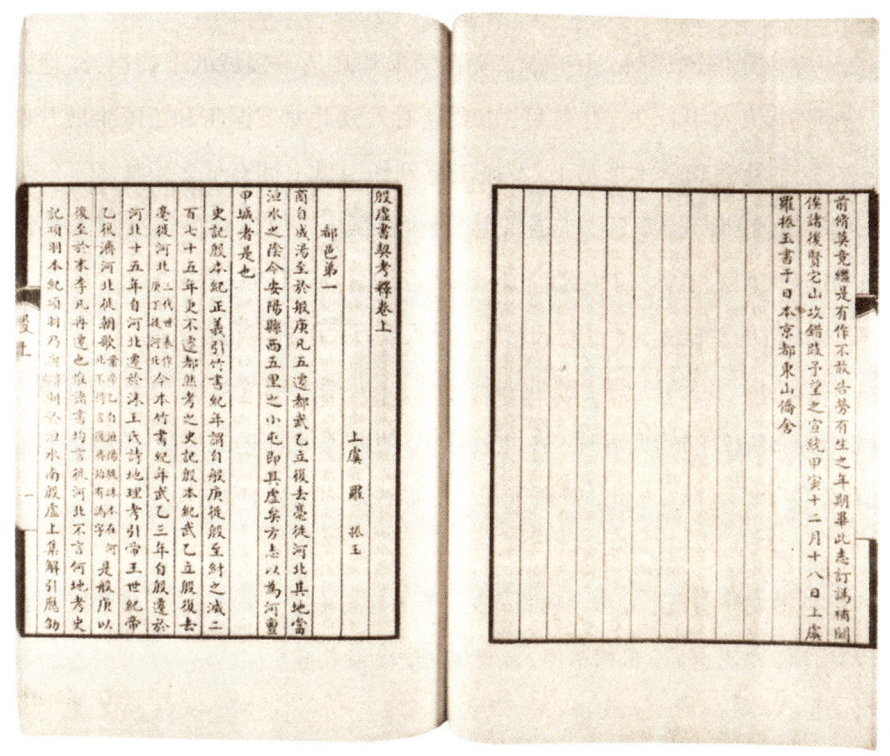

罗振玉所著的《殷墟书契考释》。

过,在谈及《殷周制度论》之前,似乎可以回顾一下王国维那篇《明堂寝庙通考》,因为他在写给好友缪荃孙的信中,提到了应用甲骨文为他撰写这部著作时所带来的益处:"此书(即《明堂寝庙通考》)全根据金文、龟卜文,而以经证之无乎不合。"另外,王国维于民国四年(1915)完成的《殷墟卜辞中所见地名考》一文,同样是以其渊博的历史地理知识并参阅大量典籍,对甲骨文中出现的龚、孟、雍、亳、曹、祀、载、雇这八个地名进行考证,这些贡献都不容忽视。而最不能忽视且还引发一场学术著作权归属问题公案的,要属上面提到的罗振玉那六万字的《殷墟书契考释》了。

民国三年(1914),距离孙诒让出版《契文举例》已整整十年了。然而,社会上对于甲骨文是否属于文字还有很大争议,特别是国学大师章太炎,不仅不承认刻画在甲骨上的线条和图案是文字,还撰写《理惑论》一文对开展甲骨文研究表示明确反对。由于章太炎在学术和政治等领域的崇高声誉,他的观点使许多人对甲骨文产生怀疑,以致还有人就此对罗振玉和王国维展开攻击。在这种社会和学术形势下,罗振玉感到作为世上拥有最多甲骨者不仅责无旁贷要予以研究,而且深"感庄生'吾生有涯'"之叹,遂发愤要撰写一部足以扭转人们对甲骨文持否定和怀疑观点的著述。于是,罗振玉在《殷墟书契》(前编)的基础上,对"大云书库"所藏数万片甲骨进行精心遴选、甄别,随后闭关四十多天完成了《殷墟书契考释》这一在甲骨文研究史上具有极为重要贡献和地位的伟大著述。在此过程中,罗振玉可谓呕心沥血,精雕细刻,大有舍我其谁之概。对此,罗振玉在《殷墟书契考释》自序中说:

或一日而辨数文,或数夕而通半义,譬如冥行长夜,乍睹晨曦,既得微行,又蹈荆棘,积思若痗,雷霆不闻,操觚在手,寝馈或废。

在这般精神炼狱中完成《殷墟书契考释》初稿后,罗振玉邀请王国维与他共同修订。于是，罗、王充分发挥各自优长，既对全文细目进行协商修改，又对一些文字等考释进行了更为详细的订正，同时还采用了王国维对甲骨文研究的一些成果。

经过罗、王的精心修订后，王国维还亲自誊抄了著述全文，然后才交由罗振玉在"永慕园"刊印。在这部著述中，罗振玉将全文分为八个部分，分别从都邑、帝王、人名、地名、文字、卜辞、礼制和卜法等方面对甲骨文进行分类考释，从而奠定和指明了甲骨文研究的基础及方向，所以该著述一经刊印便引起中外学界的高度重视和评价。

4. 学术公案

正是由于这次刊印本是王国维的手写笔迹，导致后人一度认为《殷墟书契考释》虽由罗振玉署名，实则为王国维所著之误。最早对《殷墟书契考释》著作权提出异议的，是王国维在清华国学研究院任导师时的学生周传儒，他于王国维自沉昆明湖后写了《甲骨文与殷商制度》一书，其中有这样一句容易让人产生误解的话：

《殷墟书契考释》，则王氏所手书也。题名虽为罗氏撰，实则王氏亦与有力焉。

与周传儒这种容易使人产生歧义的话语相近的，还有王国维在清华的另一位学生何士骥之论，他于民国三十年（1941）在《读书通讯》杂志上发表了题为《近四十年来国人治学之新途径》一文，指出：《殷墟书契考释》是罗振玉和王国维两人的合作之作。

有这样"确凿"的文字证据，随后又因罗振玉跟随末代皇帝溥仪潜逃东北出任伪"满洲国"大臣之故，一代巨匠郭沫若遂将早在民国二十五年

（1936）写就的一篇文章，于十年后发表在《文艺复兴》杂志上。其中关于《殷墟书契考释》著作权的问题，他就这样写道：

王对于罗，似乎始终是感恩怀德的。他为了要报答他，竟不惜把自己的精心研究都奉献给了罗，而使罗坐享盛名。例如《殷墟书契考释》一书，实际是王的著作，而署的却是罗振玉的名字，这本是学界周知的秘密。

与这种观点有异曲同工之"妙"的，还有末代皇帝溥仪在《我的前半生》中直白而难听的说法：

王国维求学时代十分清苦，受过罗振玉的帮助，王国维后来在日本的几年研究生活，是靠着和罗振玉在一起过的。王国维为了报答他这份恩情，最初的几部著作，就以罗振玉的名字付梓问世。罗振玉后来在日本出版，轰动一时的《殷墟书契考释》，其实也是窃据了王国维甲骨文的研究成果。

有这么"权威"的证人和证词，罗振玉窃据王国维《殷墟书契考释》著作权一案，应该算是"终审判决"了。如果没有二十多年后陈梦家先生发现罗振玉《殷墟书契考释》的手稿本，这桩历史疑案将成为永久冤案。对此，商承祚先生回忆说：

王国维之死，谣言蜂起，最引人注目的莫过于郭沫若谓王之死，乃罗振玉逼债造成的惨剧……正在此期间，我适在北京，有一天，途遇陈梦家，他悄悄地同我说："《殷墟书契考释》的稿本被我买到了，完全是罗的手笔，上有王的签注，印本即根据此稿写定的，您有空，请到我家看看。"（陈去世后听说此稿本归考古所）该书是请王为之腾（誊）正并加入王说而付印的，那些头脑简单和从恶意出发的人，以为王写的就是王著，得此"证据"，就断下结论，足见其可笑程度。

商承祚先生这段关于《殷墟书契考释》著作权之说，在陈梦家先生的《殷墟卜辞综述》中得到了验证。

其实，这桩所谓的历史疑案，本不是什么疑案，因为王国维在为《殷墟书契考释》所写的两篇序言中，对罗振玉完成此著所付出的辛劳和贡献有过极高且中肯的评价，他生前也曾多次明确说过《殷墟书契考释》是罗振玉的著作。比如王国维在《殷卜辞中所见先公先王考》和《最近二三十年中中国新发见之学问》等著述中，都对他当年协助罗振玉完成《殷墟书契考释》的情况作过描述。对此，人们应该明白王国维只是协助罗振玉，即便他对撰写《殷墟书契考释》有过重要贡献，但他毕竟不是完成这部著述的主体。对于自己协助罗振玉校写《殷墟书契考释》的感受，王国维在为这一著述所写的后序中说：

物既需人，人亦需物。书契之出，适当先生（即指罗振玉）之世。天其欲昌我朝古文之学，使与训诂、《说文》、古韵匹，抑又可知也。余从先生游久，时时得闻绪论。比草此书，又承写官之乏，颇得窥知大体，扬榷细目。窃叹：先生此书，诠释文字，恒得之于意言之表，而根源脉络，一一可寻，其择思也至审，而收效也至宏，盖于此事自有神诣。至于分别部目，刱立义例，使后人治古文者于此得其指归，而治《说文》之学者亦不能不探源于此。窃谓：我朝三百年之小学，开之者顾先生，而成之者先生也。昔顾先生音学书成，山阳张力臣为之校写；余今者亦得写先生之书，作书拙劣，何敢方力臣，而先生之书足以弥缝旧阙，津逮来学者，固不在顾书下也。

在这里，王国维非常清楚也很谦虚地说明自己就像是当年山阳（今江苏淮安）的张力臣为顾炎武校写《音学五书》一样，且对罗振玉这部《殷墟书契考释》推崇备至，甚至将其学术地位抬高到开清学一代先河的学术大师顾炎武之上。

5. 罗王之"王"

那么，王国维对这部不在顾炎武《音学五书》之下的《殷墟书契考释》有何贡献呢？

对此，可以例举王国维为《殷墟书契考释》所写的两篇序言，从中不难看出他对甲骨文研究的许多创见融入其中之体现。比如在其中一篇序言中，王国维对甲骨文下定义说："殷墟书契者，殷王室命龟之辞，而太卜之所典守也。其辞或契于龟，或刻诸骨，大自祭祀征伐，次则行兴畋渔，下至牢鬯之数，风雨之占，莫不畛于鬼神，比其书命。"

除此之外，王国维还撰有《殷卜辞中所见先公先王考》《殷卜辞中所见先公先王续考》《殷周制度论》《戬寿堂所藏殷墟文字考释》和《殷礼征文》等一系列石破天惊的著述。即便如此，也不足以涵盖王国维对甲骨文研究的贡献，如果读者一定要对此有一个比较系统而全面的评价，那只好引录陈梦家先生在《殷墟卜辞综述》中的一段话了：

罗氏在《殷墟》贞卜（文字考）序中所举的考史、正名、卜法的三个目标，他自己只做到正名的基础，卜法的研究一直到科学发掘以后才开始，而考史一目是王氏首先建立根基的。联系正名与考史，以纸上史料与卜辞相印证，是王氏所特别看重的。罗氏说"盖君之学实由文字声韵以考古代之文物制度，并其立制之所以然；其术在以博反约，由疑而得信"（《观堂集林》序）。他研究了文献上商王都邑所在，而后考订卜辞中商、亳、雇之所在；他搜集了文献上关于王亥、王恒的记载，而后考订卜辞中王亥、王恒之为商先公；他引述了金文和文献的殷祀或衣祀，而后考订卜辞中"衣"祀之为合祭。凡此都表示要正确地了解一个古字的意义，必须先有充分的古代社会的知识；即是说，一个古字是在什么时代什么社会情况下被用作为某种意义的符号的。王氏很少为诠释文字而诠释的，他在讨论《尚书》、古地理、礼仪制度、先公先王等等的题目下，为解决诸题目的关键所在而诠释文字。他在讲解《说文》时而作的试释，以及《类编》所引他笺注在罗氏《考释》上的那些字，不少是悬空设想而不甚确凿的推测。然而就审释文字而言，他所释的字数虽不多，却还有其特殊的贡献的。……王氏所释的字数只寥寥十余字，然他认识了早期的"王"字，对于卜辞全体的认识，是很重要的。他的"旬"字"昱"字的认识，解决了占据很多数量的卜旬卜辞。他认识了"土"字并以为假为"社"字，对于古代礼俗提供了新材料，我们由此而发现卜辞中的"亳社"。他分别了卜辞中"又"字有"祐""侑""有"的不同用法；他说明朔义与假义的分别如"我"字本像兵器，假借为人称，凡此皆足表示他在文字学上的精深之处。

由此可见，学界和历史上将罗振玉与王国维两人在甲骨文研究上的贡献称之为"罗王之学"，是一点也不虚的。

辗转忙归国　罗王互惜别

流寓日本几年间，王国维始终生活在困窘之中，好在能够与知音罗振玉朝夕相处，在学术研究方面彼此共进。故此，当王国维于民国五年（1916）2月

4日起程回国后，罗振玉一度郁郁寡欢，而王国维同样情绪低落，特别是寓居上海后又变得踌躇起来。

1. 生计之艰

流寓日本前，王国维的生活从没发达过，始终处在窘迫状态中。流寓日本后，由于经济来源断绝，就一直倚靠罗振玉的资助和帮扶，再加上人口众多，王国维全家只能过着乡间的平民生活。对此，王国维初到日本在写给国内友人的信中，就多次谈到生计之忧，好在那时还有些许积蓄，能够勉强支撑一大家人的简单生活。不过，坐吃山空终究不是长久之计，王国维为此也曾想到在日本开设一间书铺，以谋生存，可他毕竟只是一位"善自命题"的高明学者，并不具备罗振玉那多面手的本领。

书铺没开设起来，生活则不能不继续。于是，王国维依然要倚靠罗振玉等人帮扶，虽然他先是以帮助罗振玉整理"大云书库"为回报，后又为其主编《国学丛刊》换取薪水，还曾担任日本人在中国沈阳创办的《盛京时报》特约撰稿人挣点稿费，但这些都不足以维持王国维一家八口人在异域的稳定生活。特别是随着日本政府在内外政策上出现重大失误，导致国内经济严重滑坡，致使物价飞速上涨，使本来就很艰难的王国维一家人生活得更加难以为继。

王国维一家人生活艰难，同样失去经济来源且花费巨大的罗振玉一家人也不好过。为此，罗振玉已将弟弟罗振常及女婿刘大绅两家人先期安排回了国，以减少在日本的生活开支，并让他们在上海开设一间书铺，以倒卖书画来增加收入。对于罗振玉的这些行动，王国维自然不能置若罔闻，他的心里常怀感激之情，也经常谋划一家人的生活将何去何从。

思虑再三，回国成了王国维当时的最好选择。

2. 起程归国

民国四年（1915）初春3月，寓居日本三年多的王国维，决定趁清明节回乡祭祖之机，先将家人送回老家海宁。对于王国维的这一安排，也想回乡祭祖的罗振玉表示理解，并决定要亲自到甲骨文的出土地——河南安阳小屯村进行实地考察。于是，王国维与罗振玉约定，王国维先期回乡祭祖并安置家人，然后便到上海迎候罗振玉，再一同考察甲骨文出土地。不料，同年四月上旬当罗振玉返回国内时，已安排好家人的王国维虽然也赶到了上海，但是因为他患眼病未愈，却不能与罗振玉同往安阳，以致留下了一生不曾到过小屯村的巨大遗憾。

罗振玉向甲骨圣地进发了，王国维则通过罗振玉的介绍，独自前往上海麦根路11号，拜访早就闻名但不曾相见过的大学问家沈曾植。出生于道光三十年（1850）的沈曾植，字子培，号乙庵（盦），又号寐叟，浙江嘉兴人，光绪年间进士，曾任清政府刑部主事、总理衙门章京、安徽提学使和署理安徽布政使等职。辛亥革命后，沈曾植以前清遗老身份寓居上海，曾暗自前往北京参与过张勋复辟，

沈曾植。

复辟失败后又回到上海。这位以遗老自居的沈曾植,通晓经史,学识渊博,见解深邃,著述颇丰,在国学方面有精深造诣,诗书也留名于世,极为谙熟历朝律令,特别对中国西北的历史地理颇有研究。对于这样一位大学问家兼同乡,王国维早就倾慕不已,特别是在日本研究撰写魏晋简牍等与西北历史地理相关的著述时,更是参阅过沈曾植的有关著述。而对于王国维这位国学研究领域里的后起之秀,沈曾植也极为关注和赞赏,曾当着罗振玉的面对王国维赞赏有加。所以,当王国维初次拜访沈曾植时,两人一见面便愉快地交流起来,沈曾植赞赏王国维在国学领域里所取得的成就,而时年三十八岁的王国维也向这位年长自己近二十岁的学界前辈请教了古音韵学等方面的学问,真可谓惺惺相惜、投缘默契。此后,沈曾植成为王国维在上海"哈园"几年间交往最密切的师友之一。这是后话。

王国维在上海和海宁走访亲友的同时,并没有忘记为自己寻找合适的职位,以解决全家人的生计之忧。不过,这时王国维还没打算回上海工作,因为从日本回国前并不曾将自己的书籍等带回来。所以,当罗振玉从小屯村考察回到上海后,王国维便与长子王潜明又随同罗振玉返回日本京都,并居住在罗振玉的"永慕园"内。在随后的近一年间,王国维与罗振玉依然在共同的学术海洋里尽情畅游,直到同年底接到同乡好友邹安邀请他到上海"哈园"工作的信件为止,王国维才终于决定了回国的归期。

民国五年(1916)正月初二,王国维与长子王潜明早早起床整理已收拾好的行李,随后与罗振玉一家人清谈话别。这时,日本友人狩野直喜来到"永慕园"为王国维送别,短暂交谈后离去。午饭后,罗振玉与三个儿子罗福成、罗福苌、罗福葆等将王国维父子送到京都车站,目送他们前往神户转乘轮船回国。两个多小时后,王国维父子到达神户,晚上住进西村旅社,第二天上午十时终于登上了日本"筑前丸"号轮船,向中国上海的三菱码头驶去。

3. 惜别之后

王国维走了，罗振玉郁郁寡欢，心情灰暗到了极点。在短短五天时间里，他竟然给王国维写了三封信，以表达自己的怀念伤感之情。例如，民国五年（1916）2月5日即正月初三，罗振玉在给王国维的信中写道：

> 公行后，岑寂殊甚，念二十年来客中送客，已成习惯，然未有如此之悃悃者。家人及儿子辈恐弟苦寂，日夕省视，以不言相慰。想公别离之感，与弟正相等也。

确实，对于王国维与罗振玉这对老朋友来说，这时不仅是志同道合的好朋友、学术研究上的好搭档，还是将结为儿女姻亲的亲家。

不过，王国维这时还来不及怀想与罗振玉分别后的伤感，因为他乘坐的"筑前丸"号轮船正在海上掀起的狂风暴雨中艰苦挣扎，剧烈的颠簸使王国维父子虽不曾呕吐，但在舱内躺了一天两夜才稍有好转。而特别糟糕的是，王国维父子携带的十二件行李中，其中九只书箱"因太重，无法移置"，只

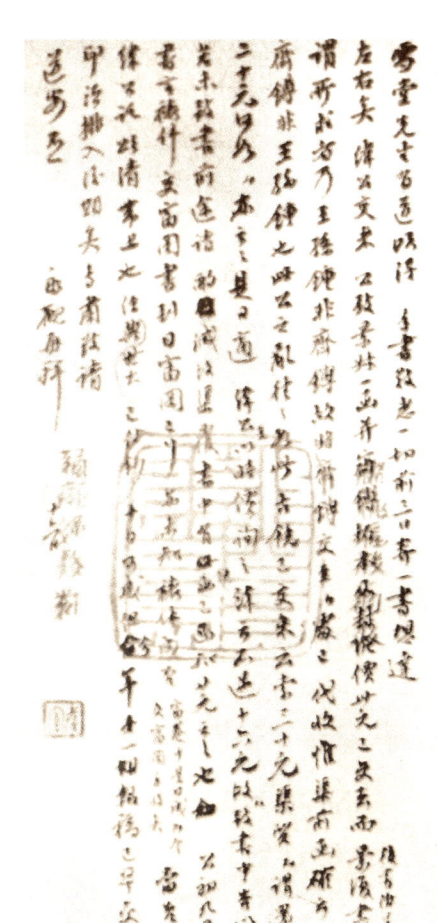

王国维致罗振玉的信。

能盖上一张油布放在轮船甲板上,任凭狂风暴雨吹打侵袭,以致到达上海后才发现书箱底部的书籍都被雨水浸湿了,这让王国维极为痛惜。尽管海上旅行遭遇诸多烦心事,王国维在船上依然手不释卷,并将当下考释的三个甲骨文字,立即写信告知了罗振玉。

此次回国,王国维共携带十箱书籍,其中除自己长年积累与临行前购买的之外,还向罗振玉"乞得复本书若干部",这些都是他正在研究国学方面的珍本资料。对此,王国维在《丙辰日记》中写道:

客中书籍无多,而大云书库之书,殆与取诸宫中无异。若至沪后则借书綦难。海上存书推王雪澄方伯为巨擘,然方伯笃老,凡取携书籍皆躬为之,是讵可以屡烦耶?此次临行购得《太平御览》《戴氏遗书》残本,复从韫公(罗振玉)乞得复本书若干部,而以词曲书赠韫公。

经过五天的海上航行,王国维父子终于抵达上海三菱码头。几天后,王国维选中大通路吴兴里(今北京西路大田路)392号的住所,以每月二十九元租金租赁下来,随即采买家庭生活必备用品,找人定做几件大书柜,并请罗振常书铺店员帮助整理那十箱书籍。一切安排停当后,长子王潜明返回海宁接家人前来同住,王国维则向友人探听他即将就职的"哈园"的有关情况。不料,当他从友人处得知"哈园"的有关内情后,他的心里开始踌躇起来。

五　哈园难就"食"　学人存风骨

哈同花园。

虽然王国维是名扬海内外的大学者,但他首先是一个饮食人间烟火的凡人。所以当他因为生计之艰来到哈同花园后,才发现无论是为了谋薪生活,还是潜心学术研究,都再次感受到了就"食"之难。

"学术"大主笔 局促哈同园

王国维应邀到"哈园",是来主持一份还未创刊的《学术丛编》杂志。这份杂志自创刊到停刊所发表的文章中,有近一半是王国维的学术著述。遗憾的是,这位"学术"大主笔在此工作生活得并不愉快,或者说始终局促在夹缝之中。

1. 哈同花园

哈同花园,正式名称叫"爱俪园","哈园"是人们的习惯叫法。创建者是出生在巴格达的一名英籍犹太人——欧司·爱·哈同,其夫人是一名混血儿(其父亲是法国人、母亲是中国福建人),名叫罗诗俪穗(也称罗诗俪蕤),号迦陵,所以这座花园取

哈同。

名为"爱俪园"。哈同大约是十九世纪末来到中国上海,那时上海正处于国际化大都市的初创期,世界各地富商大亨纷纷拥入其中,不是创办金融洋行,就是大肆购买土地建造房产,从而促使上海经济飞速发展。在上海这个投机商的乐园里,哈同最初只是一家洋行的门童,后来竟成为上海首屈一指的房地产大鳄,并担任了上海公共租界的工部局董事。有了金钱和地位后,哈同夫妇开始热心文化、教育和慈善事业,并创建了赫赫有名的哈同花园。

宣统元年(1909),哈同夫妇创建哈同花园后,先是筹办"爱国女学堂",接着聘请大名鼎鼎的僧人黄宗仰到哈同花园内讲授佛经,并创办了"华严大学"。哈同花园有两件事值得一书:一是宣统三年(1911)十一月,从欧洲回国就任中华民国临时大总统的孙中山,曾下榻哈同花园,使其蓬荜生辉、声名大振;二是罗诗俪穗于民国二年(1913)出资并主持刻印了一千套《大藏全经》,这是一部多达四百一十四册八千四百一十六卷的大书。历时五年刻印完成的《大藏全经》,版式、纸张在当时是一流的质量水平,印刷、装帧也极为讲究,堪称是佛教界的一件文化幸事。

民国四年(1915),僧人黄宗仰被一位名叫姬觉弥的和尚所替代,华严大学也改称为"仓圣明智大学"。这位姬觉弥和尚,俗姓潘,名翥云,江苏睢宁人,据说他从书中查出周文王姓姬,遂将自己也改姓姬,并取名觉弥,号佛陀,后来还有什么"瀛洲馆主"、"九鼎山人"和"如来居士"等名号。这位三十来岁的姬觉弥和尚,行事乖巧,很懂得如何迎合主人的兴趣和爱好,深得哈同夫妇的信任和支持。当他全面主持哈同花园内的教育和文化等事务后,便

仓圣明智大学校舍,刊于《艺术丛编》第二册。

根据"仓颉造字"之意,鼓动罗诗俪穗将华严大学改为"广仓学宭",意思是积极倡导所谓的"仓学"或"仓教"。再后来,姬觉弥和尚觉得"广仓学宭"不像是一所大学校名,又根据主人哈同有"明智居士"之号,而改称其为"仓圣明智大学"。

经济基础雄厚的哈同夫妇创办这所大学后,不仅免除所有学生的书本和食宿等一切费用,还以高薪聘请全国各地学识渊博者到该校任教,如王国维进入哈同花园的介绍人邹安。邹安,又名邹寿祺,字景叔,号适庐,浙江海宁人,金石学家,他到仓圣明智大学担任教授之前,曾在杭州某学校任教。民国四年(1915),邹安应聘来到仓圣明智大学后,罗诗俪穗和姬觉弥基于自身对小学产生的兴趣,以及甲骨文研究已经成为一股社会热潮之现状,遂准备创办相关杂志以提高学校声誉。而这时,恰逢王国维从日本回乡祭祖并希望到上海谋职,同乡好友邹安深知其在甲骨文研究方面已卓有成就,故有后来写信邀请他到仓圣明智大学研究哈同花园内所藏多达一千余片的甲骨,并筹办相关学术杂志之举。

2. 主笔"学术"

哈同花园内情如此，王国维在姬觉弥陪同下参观仓圣明智大学后，遂将自己的感受和印象，于民国五年（1916）2月先后写信告诉罗振玉说：

景叔（邹安）于十二日晚到此，十三日午来访，尔后复于姬君（姬觉弥）俱来，即乘其车同至哈同花园，导观各处并所谓仓圣明智大学者，其中仅有中学二年级并小学。姬君为人，昨相处数日已能知其概，大约乙老（沈曾植）诸人之言不谬。其人随处自显势力，一无学术及办事方法，而主意绝多，复随时变异。昨即欲延维为该校教务长，观其校事绝不合理，即设词谢之。语及学术，随口胡诌，语语出人意外。

……

哈同花园连住二日，见其办事毫不合法，而某君（姬觉弥）之言尤散无友纪。其欲刊行月报，曰欲提创仓教也，而所谓仓教（仓颉之教）者，又全为荒谬不经随口胡诌之说，虽景叔亦畏而笑之。

面对这样的"大学"及其主持者，王国维后悔当初贸然应聘，罗振玉写信规劝他不要与哈同花园方面闹僵，并列举樊炳清等人为生活不得不每天工作六七个小时而没有时间治学等状况，同时联系自己多年来处理治学与生活之间关系的实际经验，希望王国维能利用这一机会使自己的学术研究更上一层楼：

抑弟尚有厚望于先生者，则在国朝三百年来之学术不绝如线，环顾海内能继往哲开来学者，舍公而谁？此不但弟以此望先生，亦先生所当以自任者，若

"永"能如前此海外四年约，则十年后公之成就必逾亭林、戴、段，此固非弟之私言也。若以天挺之质，而以生活二字了之，岂不可惜！弟非无前人之资禀，而少撄患难，根柢未深，中年又奔走四方，遂毫无成就。今且老矣，欲以炳烛之明补东隅之阙，所补能几何？顾影汲汲，绠短汲深，故期之先生者不能不益殷。择业与修学相关至切……区区小艺须积二三十年之功力，乃可望成就，学术之难如此。

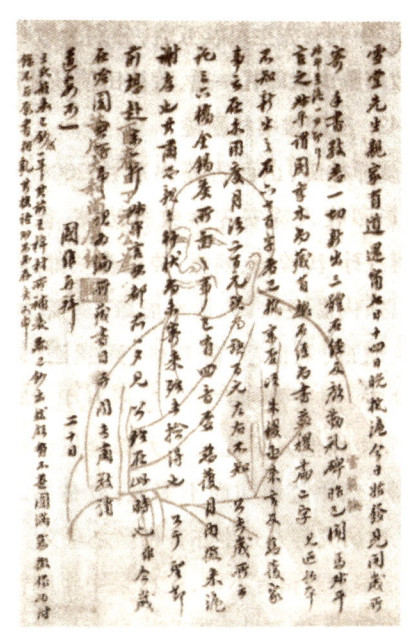

静安先生手札，载《书法丛刊》2008年第2期。

既然如此，王国维与邹安多次协商后，终于正式进入哈同花园。不过，王国维采纳邹安之计，与学校订立了三条"君子协定"：一、拒绝担任仓圣明智大学教务长；二、不到哈同花园内居住和办公；三、由他全权负责筹办《学术丛编》，学校不得干涉其刊登内容。

随后，仓圣明智大学一次创办了三份杂志：一是王国维任主编的《学术丛编》，主要刊登经史小学方面的论述；二是邹安主编的《艺术丛编》，主要发表金石与甲骨文方面的著述；三是况夔笙主编的《仓圣大学杂志》，主要登载罗诗俪穗和姬觉弥等人在教育及宗教方面的主张。对于这一结果，王国维高兴地将情况向罗振玉进行通报，认为因自己回国而停办的《国学丛刊》是"虽停而不停

《学术丛编》杂志。

王国维致罗振玉函，内容有关《重辑仓颉篇》。旅顺博物馆藏。

了"。确实，《学术丛编》虽由哈同花园方面出资创办，但发表著述的决定权则由王国维一人掌握，这比在日本时由罗振玉到处筹资支撑《国学丛刊》更为便利。比如罗振玉后来撰写的《仓颉篇残简考释》《唐折冲府考补》《殷墟书契》（后编）、《殷墟古器物图录》《殷文存》《金泥石屑》《古器物范图》和《古明器图录》等，都是通过《学术丛编》发表的。而在王国维主笔《学术丛编》的四年间，该杂志共出版发行二十四期，发表著述五十二种，其一人就有二十四种著述刊登其上，数量几达半数。

在王国维成为《学术丛编》名副其实"主笔"的同时，该杂志也因有王国维和罗振玉等大学者的频频"赐稿"，才使其逐渐名扬海内外，而这让哈同夫妇和姬觉弥等人也赢得了他们极为看重的隆盛名誉。

3. 辞职风波

随着王国维在哈同花园工作进展逐步顺利，姬觉弥开始得寸进尺，先是希望他兼任仓圣明智大学教授，为学生讲授经学。碍于种种原因，特别是不想丢掉这份高薪工作，王国维不得不答应，但他提出了两个条件：

一是课程只能安排在上午；二是必须要有车辆接送。对于王国维的要求，姬觉弥满口答应。随后，姬觉弥又请王国维为哈同花园所藏甲骨选编《戬寿堂所藏殷墟文字》一书，该书署名为"姬佛陀类次 王国维考释"。很显然，这些做法都是为仓圣明智大学装门面，或者为姬觉弥个人脸上贴金。即便如此，姬觉弥并没有满足，竟隔三差五请王国维为其鉴定古器物或古字画等，这使王国维不胜其烦，可又无可奈何。除这些不胜其烦的无聊事外，王国维有时还要作为哈同花园的一块耀眼"招牌"，应邀参加一些酒宴应酬。

如果说王国维还能够勉强忍受这些无聊的话，那么由于姬觉弥与哈同花园主管财务方面的关系不协调，致使每月薪水难以按时发放，就使王国维感到很是为难了。当时，王国维家中子女众多且都在上学，这方面费用容不得拖欠，再加上房租和日常生活开销，都使他不能断然离开高薪的哈同花园。

另外，姬觉弥还认为投入很多资金创办的《学术丛编》，在经济上没有大的收益和回报，且纯为王国维个人扬名。对此，作为牵线人的邹安驳斥姬觉弥说，王国维在学界早已赢得盛名，何须到此来办这份杂志扬名呢？随后，邹安竟往杭州过中秋节去了，并放言要辞去仓圣明智大学教授和《艺术丛编》主编之职。对好友邹安这一仗义之举，王国维也作出积极响应，借沈曾植邀请他参与编撰《浙江通志》的机会，提前列出《学术丛编》一年十二期的目录请人转交给姬觉弥。姬觉弥见自己的几句怨言竟招惹出这样的结果，再看王国维列出那十二期的目录，感到这实在不是他人所能为之事，遂又恳请邹安向王国维发出态度真挚诚恳的挽留。于是，王国维与哈同花园续签了民国六年（1917）的合约。

4. 夹缝治学

主笔《学术丛编》期间，王国维在夹缝中不仅取得了三代铜器及《尔雅》

等研究方面的学术成果，而且于甲骨文研究上也有着石破天惊的贡献。比如最能代表王国维在甲骨文研究上独特创见和伟大贡献的《殷周制度论》。

艰难就"食"哈同花园期间，王国维始终未曾间断过对甲骨文的研究。民国五年（1916）十二月，当王国维幸运购得孙诒让当年撰写的《契文举例》手稿时，不仅将其兴奋心情写信给罗振玉而且也加快了他研究甲骨文的步伐。比如，王国维关于甲骨文研究那震惊世界的"两考一论"，终于在此期间横空出世。所谓"两考一论"，是指王国维在哈同花园先后撰写的《殷卜辞中所见先公先王考》《殷卜辞中所见先公先王续考》和《殷周制度论》这三部著述。其中，"两考"的主要贡献是考证出殷商先王的姓名及其世系延递，这纠正了绵延两千年的司马迁在《史记》中关于殷商王室世系中个别人名和世系次序的舛误，且为后世甲骨文研究者破除了一道严重障碍，同时还开拓出了一条光明而正确的学术研究之路。在此基础上，王国维又参照罗振玉于民国六年（1917）春节时从日本带来新辨识的千余字甲骨文书契拓片，以及研究哈同花园内所藏千余片甲骨拓片，撰写出了堪称当时条件下甲骨文研究的封顶之作——《殷周制度论》。在这部著述中，王国维将甲骨文研究由原先考释文字、识别人名和梳理世系等，上升到考证殷周历史和制度这一层次，并竭力分辨出从殷商过渡到周朝时的制度衍变过程，以及商周两朝制度中的人文精髓。这是王国维在甲骨文研究史上，所做出的突出而伟大的贡献。

其实，王国维撰写《殷周制度论》之前，是想写《续三代地理小记》一文的，也就是说要考证夏、商、周这三朝都城的变迁情况。此想法之所以后来有所改变，主要是因为王国维首先精确地认定都城是解析一个朝代政治和文化的最佳实体，随后又更加清楚地提出了"中国政治与文化之变革，莫剧于殷周之际"这一论断，还有他极为清晰地梳理出"自上古以来，帝王之都皆在东方"，而"唯周独崛起西土"这一学术敏感点。于是，王国维随即改变撰写《续三代地理小记》的原来思路，将学术研究视角瞄准了由殷商到周朝的都城地理位置变迁，进而深入到对两朝制度衍变的解析中。这无疑属于学术研究上一次高屋建瓴的思路转变。

随后，王国维将自己这一经过深思熟虑的想法，写信告诉了老朋友罗振玉：

前日拟作《续三代地理小记》，既而动笔，思想又变，改论周制与殷制异同：一、嫡庶之制；二、宗法与服术（此二者因嫡庶之制而生）；三、分封子弟之制；四、定天子诸侯君臣之分；五、婚姻姓氏之制；六、庙制。此六者，皆至周而始有定制，皆周之所以治天下之术，而其本原则在德治。

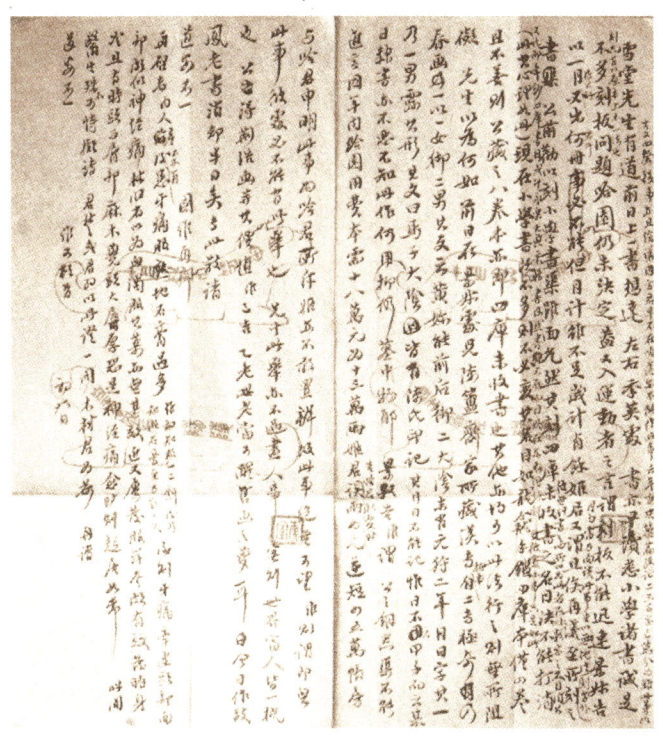

王国维致罗振玉函。旅顺博物馆藏。

在这里，不难看出王国维对将要撰写的《殷周制度论》这一鸿篇巨制，在全文体例上的精准把握，特别是他点出"以德治国"作为周朝制度之根本，当属王国维在当时社会状况下，渴望恢复"周孔"以还社会和谐秩序的一种学人心愿。

《殷周制度论》虽然是王国维在古文字学和古史学研究方面的结论之作，但由他和罗振玉开创的"罗王之学"则刚刚兴起，以致后来甲骨文研究者即便因为甲骨材料大增所取得的成就要超过他们二位，但其研究方向依然不能偏离王国维和罗振玉当初开辟的筚路蓝缕之途。对此，唐兰先生在《天壤阁甲骨文存自序》中说："卜辞研究，自雪堂导夫先路，观堂继以考史，彦堂区其时代，鼎堂发其辞例，固已极一时之盛。"唐兰先生所说的甲骨"四堂"，是指罗振玉（字雪堂）、王国维（字观堂）、董作宾（字彦堂）和郭沫若（字鼎堂）这四位在甲骨文研究上做出突出贡献的学术大师。从唐兰先生精辟的概述中不难看出王国维在其中卓尔不凡的杰出贡献。

密韵楼编目　为薪又为学

其实，王国维谋求到密韵楼编撰书目早在民国六年（1917）底就开始了，而之所以一直拖到民国八年（1919）9月才如愿以偿，其中缘故不能不从他回国那年开始梳理。

1. 兼职谋生

民国五年（1916），王国维应聘到哈同花园主持《学术丛编》，该杂志刊登内容主要分为经学、小学和史学三门。按照与哈同花园方面的约定，每期每门薪水五十元，加上稿费每千字五元计算，王国维每月能获取报酬两百元左右。这样的月薪，要维持王国维全家人在上海的生活及供养子女读书，确实显得捉襟见肘，致使家庭财政经常出现支绌。这样窘迫的生活状况，再加上国内政治形势动荡不稳，以及在哈同花园工作的不顺心，王国维于这年十月在罗振玉劝说下，曾一度想前往日本去当"寓公"。对此，王国维在给罗振玉的回信中作了这样的打算：

公函中言再往东作寓公之说，维所极愿。若全眷浮海，恐不能行。现维拟二种办法，一归海宁，一仍住上海。若归海宁，则以大儿入青年会寄宿舍，年费二百余元，次儿或送嘉兴，则所费不多。若全家用度则月五六十元，岁费约千元左右，比之寓沪可省三分之一。维则每年往东一次，与公同行，暂则住一月，久则数月亦可，每年研究均以家所有书为根本，而至东则参考诸书以成之，此为最妥办法。若寓沪则所需较多，一年或需两度赴东，而所驻之期均不能过久，好在今年决不能作归计，尚可从容定计也。

面对这样的现实情况，王国维不能不考虑开拓财源，以维持全家人在上海的生活及支付子女上学的费用。而作为学者，王国维要想开拓财源只能依靠他的学识。于是，王国维主持《学术丛编》之余，积极帮助罗振玉在国内鉴别、收购古书画，然后将其转交罗振玉卖与日本人。不过，鉴别古书画真伪并非易事，虽然王国维自幼喜欢金石书画，但毕竟不是书画鉴定家，这方面见识也不比书画收藏家精深广博。另外，他还没有罗振玉精明的商业头脑，对书画价格又不太明了市场行情，所以在他难以收购到珍品书画时，竟想将自己所藏珍本古籍出售以"开拓财源"。

除了帮罗振玉收购古书画外，王国维还应沈曾植之邀，参与《浙江通志》

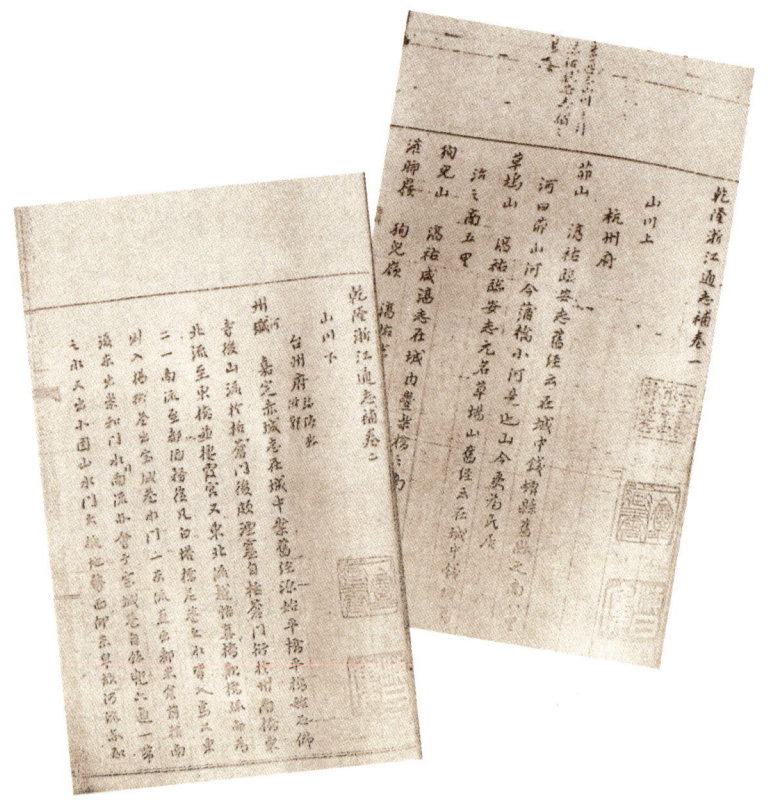

《乾隆浙江通志补》手稿,中国国家图书馆藏。

的编撰工作,与张尔田共同负责编撰寓贤、掌故、杂记、仙释和封爵等方面内容,每人可获报酬二百四十元。然而,由于种种原因这项工作进展极其缓慢,这二百四十元酬金直到王国维就任清逊帝溥仪小朝廷的"南书房行走"后才收到。

生路艰难,王国维又蒙好友樊炳清举荐,代替生病的他担任商务印书馆所属《东方杂志》的撰稿人,以业余时间撰稿获取稿酬。对于《东方杂志》,王国维并不陌生,因为他的《宋元戏曲考》当年就刊发其上。然而,与当年以两百元稿酬买断《宋元戏曲考》首次发表权类似的是,当王国维将翻译伯希和《近日东方古言语学及史学之发明与其结论》稿送交《东方杂志》提出四十元稿酬的要求时，竟被《东方杂志》社还价为二十元，这让王国维只能是"怒而索还原稿"了。

历经波折后，王国维再联系到极为糟糕的社会状况，遂书生意气地发了一通牢骚："永居上海二年，于此间社会情形乃稍详悉，无论公私皆腐败颠顶至无可言。如吴下曹君，蒋孟𬞟延之校书，乃终年未有一字。编《通志》者亦大半如是。若商务印书馆者，其中办事督责可谓认真矣，乃终年孜孜矻矻作无用有害之物，非徒于世无益，即以其公司之经济言，亦失计之至。"这次，王国维在窘境中想到的"良策"，就是他在牢骚中提到"吴下曹君，蒋孟𬞟延之校书"一事。对此，他写信向罗振玉说起了这件事：

今日（1918年1月1日）访孙益庵，谈及吴门曹君为蒋孟𬞟编藏书目（月修五十元），去岁不成只字，今年重申约束，约每月至少作跋二篇，而至今仍无只字交卷。孟𬞟宋本无多，然明刻善本及抄校本约在千部以上，即使某君能每月交卷二篇，至十年后亦不过成四分之一。某君之事，明年断不能连续。即使连续，意多增一人，于孟𬞟甚为有益，且工作能快意，薪水亦可增多。永意俟哈园明年事揭晓，当可与益庵谋之。好在我辈做事不肯素餐，此事在上海亦有人知之，此或有四五分成就也。

民国八年（1919）9月，王国维谋取到了为蒋汝藻编撰书目一事。与王国维同年出生的蒋汝藻，字元采，又字孟𬞟，号乐庵，浙江乌程人，光绪二十九年（1903）中举，后就任清政府学部郎中总务司行走，但与当时在学部任职的王国维并不熟识，辛亥革命后前往上海创办经营轮船等实业，迅速积累了巨额财富。拥有巨额财富后，蒋汝藻开始充分满足自己收藏善本古籍的嗜好，在短时间内就收购古本书籍达五千余种，其中不乏唐宋元明清孤本秘籍，与浙江同邑的张石铭（字钧衡）、刘翰怡（字承幹）并称"江南三大藏书家"。

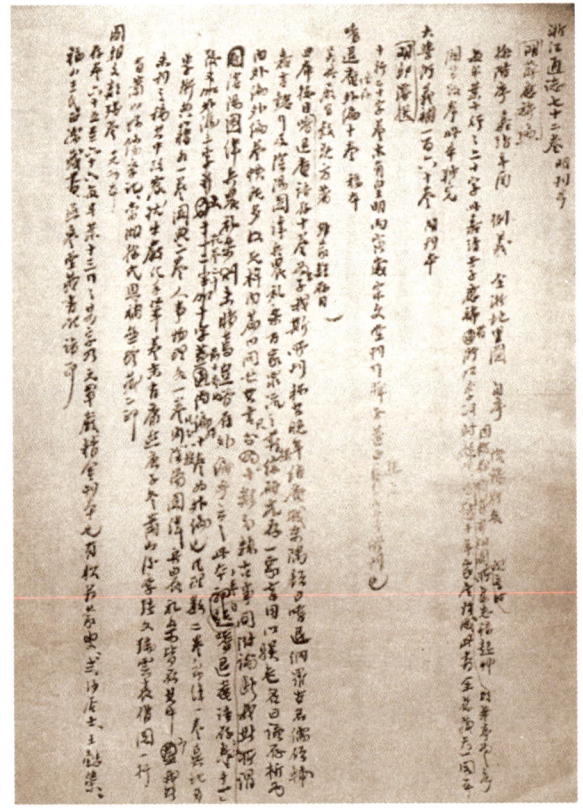

《传书堂藏善本书志》手稿,中国国家图书馆藏。

　　以藏书多而精名噪一时的蒋汝藻,为存放这些书籍,在上海建造了一栋别墅,取名为"传书堂"。后来,蒋汝藻幸运地收购到周密的宋刻孤本《草窗韵语》,遂将藏书楼更名为"密韵楼"。由于几年来大量收购古籍图书而未加以整理,蒋汝藻便邀请好友曹元忠(字君直)帮他整理藏书,约定每月报酬50元。然而,家境富裕且藏书同样丰富的曹元忠,虽也是一位学养深厚的学者,但他事务繁忙并不能按约行事,后来索性辞去这一差事。曹元忠辞职后,王国维通过这时已返回上海的罗振玉举荐,遂开始了他为"密韵楼"编撰书目的兼职谋生之路。

2. 密韵楼编目

王国维为"密韵楼"编撰书目的主要目的,就是为了增加家庭收入,但他也因此得以饱览其中极为丰富的藏书,从而使其学识和眼界得以开阔。这从他后来撰写的《五代两宋监本考》与《两浙古刊本考》这两部版本目录学著述中可以明了。

编撰书目,即今天所谓的"目录版本学",它是一门以研究书目的编制和利用,并使其在科学与文化事业中有效地发挥作用的学问。在中国古代,早就有人注意到目录学的作用,例如西汉刘向与刘歆父子编撰的《别录》和《七略》、南宋郑樵编撰的《通志·校雠略》,以及清代章学诚编撰的《校雠通义》等,都很好地总结出了目录学的丰富经验。至于反映了中国古代著述规

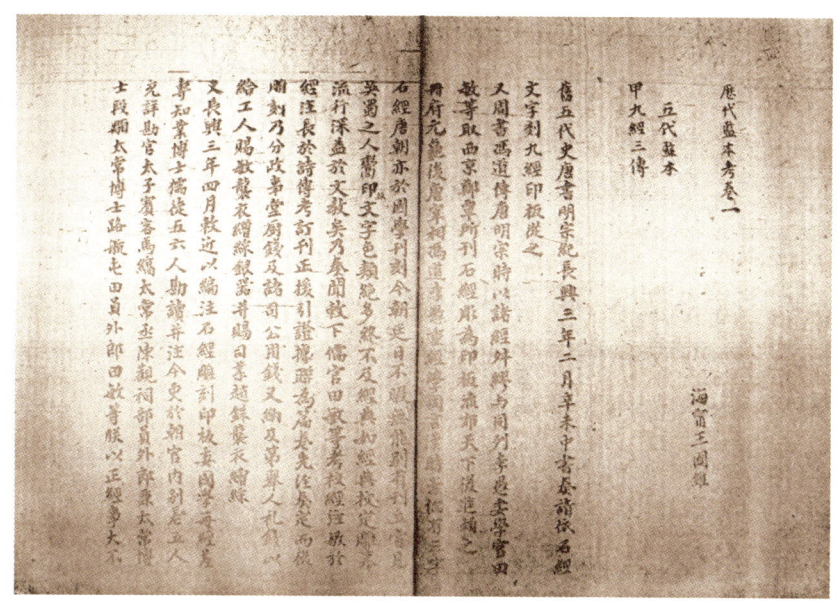

《历代监本考》(完稿部分定名《五代两宋监本考》)手稿,中国国家图书馆藏。

模最大、收录最全的《四库全书总目提要》和《四库全书简明目录》，更是皇皇巨著，堪称中华数千年古籍目录之结晶。所以，等到王国维为"密韵楼"编撰书目时，不仅有比较完备的目录学参考史料，还有当年帮助罗振玉整理"大云书库"的实际经验。因此，他刚接手"密韵楼"编撰书目，便驾轻就熟地按照《四库全书》的编撰体例，以经、史、子、集为序开始工作了。

自民国八年（1919）9月，王国维接手编撰《密韵楼藏书志》后，先是利用半年时间将"密韵楼"藏书中的一百七十九部经部书籍编录完成，后又以七个月时间把近七百部的史部书籍编录完毕，接着再以半年时间完成近六百部子部书籍的编录。到了民国十二年（1923）11月，就在王国维即将完成集部书籍编录时，他"奉旨"进京就任"南书房行走"，遂将未完成的集部书目携带进京编撰。民国十三年（1924）7月，王国维终于完成《密韵楼藏书志》的编撰工作，并将书稿当面交给当时正在北京的密韵楼主人蒋汝藻。

历时四年多才竣工的《密韵楼藏书志》编撰工程，共收录宋元明清善本古籍两千九百部五万八千七百六十八卷，其中宋版古籍一百八十九部、元版古籍一百二十八部、明版古籍一千六百六十八部、抄本八百三十一部、手稿本八十四部，堪称历代私家藏书志中的鸿篇巨制。这样一项在中国版本目录学史上的巨大工程，王国维毕一人之力仅用四年半时间就全部告竣，实在是一件令人叹为观止的事。

在这部藏书志中，王国维虽按《四库全书》那种经史子集的传统体例进行编撰，但在编撰过程中并非没有侧重点，而是根据密韵楼藏书的特点，以元明时代为限，以史与子部类为界，对明以前经、史两部古籍重在版本源流的研究，撰写有篇幅相对较长的内容提要，而对于此后的子、集两部古籍则偏重于书目的补订，这恰恰体现了《密韵楼藏书志》的两大特点，即版本研究和目录补订。另外，在《密韵楼藏书志》中，王国维还收录四百八十三则明清两朝诸多著名学者的相关题跋，以及参考和补订了自宋以来四十二种官私书目等内容,这也是该书志与众不同之处。

面对这样一部体例合理、编撰精深的书志,蒋汝藻十分满意,遂打算继续邀请王国维编撰"续志"。不过,随后蒋汝藻这位大藏书家在商业竞争中濒临破产,几经挣扎后仍不见起色,只好以密韵楼所藏善本古籍包括那部宋版刻本的《草窗韵语》向兴业银行抵押贷款,以通过输入资金来扭转商业困境。不料,困境非但没能扭转,抵押期限却已逼近,蒋汝藻因已没有能力赎回这些善本古籍,遂由商务印书馆和北平图书馆等单位和个人出资赎取,从而使这些善本古籍另属新主。

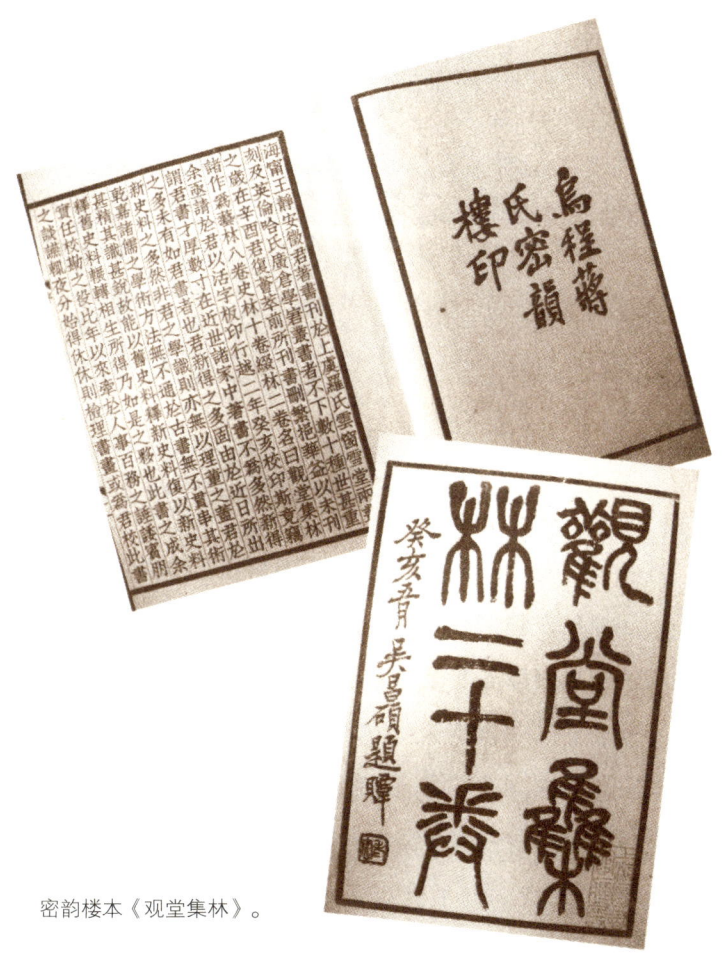

密韵楼本《观堂集林》。

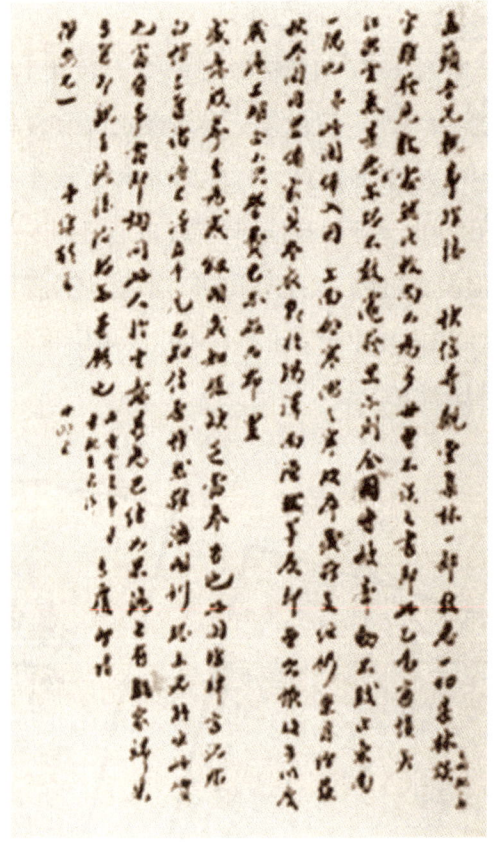

王国维致蒋汝藻函，内容有关《观堂集林》。

盛名一时的"密韵楼"退出了历史舞台，王国维却因编撰书志与蒋汝藻结下了深厚的友情，特别是他那二十卷本的皇皇巨著《观堂集林》，最初就是由蒋汝藻出资以密韵楼名义印行面世的。当然，王国维在编撰《密韵楼藏书志》的过程中，得以饱览其中诸多善本珍籍，甚至是世间孤本，这使其学识修养变得更加深厚而广博。特别值得一提的是，学问严谨的他还为其中大多书籍都撰写了序跋或提要，这至少说明他是通读过这些书籍的，否则何以撰写出至今看来依然闪烁着真知灼见的序与跋呢？

敦煌成显学 观堂发轫功

1988年,季羡林先生说:"敦煌在中国,敦煌学在世界。"对此,有人说这充分显示了中国学者的博大胸怀。其实,中国学者敞开这一胸怀实出无奈,或者说是那个无奈的时代和社会,使敦煌学不得不在世界范围内传播弘扬。

1. 敦煌遗书

光绪二十六年(1900)六月二十二日,道士王圆箓发现敦煌莫高窟藏经洞(现编号为第十六窟)内积存着千年的"敦煌遗书"——在只有一丈见方的洞窟内竟堆放有多达四万五千余卷的古经卷文书和数千件绢画、法器等古文物。随后,这些稀世古物开始屡遭劫掠,厄运犹如梦魇一般延伸至今。

宣统元年(1909),罗振玉与王国维等应邀来到法国汉学家伯希和在北京苏州胡同的寓所,在观看、抄录部分"敦煌遗书"时得知,敦煌藏经洞内还藏有诸多古文书写卷的信息。随即,罗振玉向学部左丞乔茂楠汇报后,以学部名义亲自起草电报,要求陕甘总督毛庆蕃封存藏经洞,并先行出资购买散落民间的"敦煌遗书",所花费用由朝廷学部随后电汇偿付。然而,当乔茂楠与学部人员协商后,虽将电报及时发往陕甘总督署,却将电文中随后支付费用一句删除了。对此,深谙当时清廷官员办事积弊的罗振玉,担心陕甘总督会因此而拖延办理,遂找到京师大学堂总监刘廷琛,希望由京师大学堂支付这笔资金。而这位日后在"敦煌遗书"押解人员何震彝的京城宅第内积极参与挑拣珍品经卷藏入自家书房的总监大人，竟以"大学堂无此款"一句官话搪塞他，这使深刻明白"敦煌遗书"学术价值的罗振玉当场激愤起来。于是，罗振玉表示说如果京师大学堂不愿支付这笔资金，他将从由其负责的京师大学堂农科里节省经费予以支付，不足部分则以自己的全部俸禄来补充。闻听罗振玉发出这样的痛心慨叹，刘廷琛终于答应由京师大学堂支出这笔资金。有朝廷学部电文的督办和京师大学堂的资金保障，陕甘方面很快就购买到这批"敦煌遗书"，并派员立即押解进京，随后却出现了沿途各地各色人等"洗劫"这些写卷的一幕幕丑剧。

第一位公开发表敦煌学文章者，要数罗振玉了。罗振玉在伯希和寓所观看、抄录部分"敦煌遗书"后，一边敦促朝廷学部下令甘肃地方当局封存藏经洞内的"敦煌遗书"，一边着手对从伯希和处抄录的内容进行考证和校勘，随后编撰了《敦煌石室遗书》由诵芬室刊印发行。在《敦煌石室遗书》中，不仅收录有罗振玉对"敦煌遗书"考订的文章，还有蒋黼的《沙洲文录》和曹元忠的《沙洲石室文字记》等以序跋形式考证敦煌沙洲史事的文章。这是中国学者研究"敦煌遗书"最早公开发表的一批学术成果。

至于王国维在敦煌学研究领域内的卓越成果，不妨先引录他于民国十四年（1925）暑假时应清华大学学生会邀请，所作题为《最近二三十年中中国新发见之学问》这一公开演讲稿中的一段话。在这一讲演中，王国维将"最近二三十年中中国新发见之学问"归纳为"殷墟甲骨文字"、"敦煌塞上及西域各地之简牍"、"敦煌千佛洞之六朝唐人所书卷轴"、"内阁大库之书籍档案"和"中国境内之古外族遗文"这五个方面。其中，关于"敦煌遗书"王国维这样说道：

汉晋牍简，斯氏（斯坦因）均由人工发掘得之，然同时又有无尽之宝藏于无意中出世，而为斯氏及法国伯希和教授携去大半者，则千佛洞之六朝及唐五代宋初人所书之卷子本是也。千佛洞本为佛寺，今为道士所居。当光绪中叶，道观壁坏，始发见古代藏书之窟室。其中书籍居大半，而画幅及佛家所用幡幢等亦杂其中。余见溲阳端氏（端方）所藏敦煌出开宝八年灵修寺尼画观音像，乃光绪己亥所得。又乌程蒋氏（蒋汝藻）所藏沙洲曹氏二画像，乃光绪甲辰以前叶鞠裳学使（昌炽）视学甘肃时所收。

在这里，王国维提到他从"溲阳端氏"和"乌程蒋氏"两人处见到从敦煌流散出来的一些散件，虽没说明是何时得见这些散件的，但"溲阳端氏"（端方）所藏"开宝八年灵修寺尼画观音像"则是"光绪己亥所得"，也就是光绪二十五年（1899），这个时间竟比道士王圆篆发现"敦煌遗书"的时间还要早，想来这一散件虽不属于"敦煌遗书"，但王国维明确地说明是由"敦煌出"，这就表明他关注敦煌出土古物的时间要早于"敦煌遗书"被发现之时。另外，"乌程蒋氏（蒋汝藻）所藏沙洲曹氏二画像"，王国维也明确说明是在"光绪甲辰以前"从那位甘肃学政叶昌炽手中所出，光绪甲辰即光绪三十年（1904），这个时间也要比"敦煌遗书"被押运到北京早得多。

由此可知，王国维对"敦煌遗书"的研究并非局限于伯希和所得，这对他撰写敦煌学发轫之作显然有一定的优势。

2. 独特视角

以王国维独特而深邃的学术视角，他对一门新兴学问的研究向来不同于别人，他总是高屋建瓴、独辟蹊径。例如宣统元年（1909）九月当他与罗振玉等人一同观看、抄录伯希和所得的"敦煌遗书"时，不仅与罗振玉等人一起积极校勘、研究这些敦煌写卷，还独自撰写了《唐写本敦煌县户籍跋》《敦煌发现唐朝之通俗诗及通俗小说》和《唐诸家切韵考》等大量论文，其内容涉及

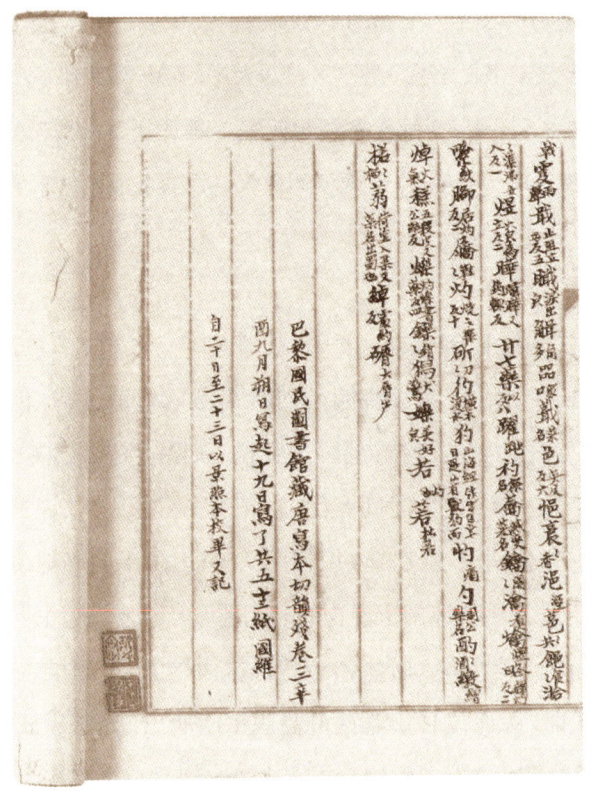

王国维手书《唐写本切韵残卷》。

制度史、宗教史、俗文学、西北历史地理和古音韵学等诸多方面,且论述深度都达到了当时的最高水平。

关于王国维在敦煌学研究领域中将其视角集中在他所谙熟的历史、地理和音韵学等方面所取得的成就,已在前面甲骨文研究中多有涉及,在此不赘。下面就王国维在"敦煌遗书"中对俗文学的研究成果列举一二,以窥见其在这一世人都不太重视领域里的突出贡献。比如王国维撰写的第一篇敦煌学文章,就是《唐写本〈太公家教〉跋》。那么,《太公家教》是怎样一部书,王国维为什么会选择它作为自己敦煌学研究的发轫之作呢?

在民国九年（1920）第十七卷第八号的《东方杂志》上，王国维撰有《敦煌发现唐朝之通俗诗及通俗小说》一文。其中他引录了一段关于《太公家教》一书作者概况及成书原因的原话：

□□□□代长值危时，望（亡之讹）乡失土，波迸流离。只欲隐山居住，不能忍冻受饥；只欲扬名后代，复无晏婴之机。才轻德薄，不堪人师，徒消人食，浪费人衣。随缘信业，且逐时之随。辄以讨其坟典，简择诗书，依经傍史，约礼时宜，为书一卷，助幼儿童，用传于后，幸愿思之。

由此可知，《太公家教》是由落魄老书生编撰的一部儿童启蒙读物，相当于《三字经》《百家姓》和《幼学琼林》等。对此，王国维根据书中"多用俗语，而文极芜杂无次序"的情况，考证获知《太公家教》"盖唐时乡学究之所作也"。不过，即便是"唐时乡学究之所作"，王国维也没有轻视它，反而认为该"书全用韵语，多集当时俗谚格言，有至今尚在人口者"，即承认其具有一定的教育意义和在当前的研究价值。正因《太公家教》无论在文体方面还是文学成就上，都"决不能与唐人他种文学比矣"等原因，王国维则独具慧眼地将其挑拣出来加以考释，这就好比后来诸多学术大师极为重视民间文学的搜集和研究一样，无论如何也是一种卓尔不群的学术眼光和勇气了。

在《敦煌发现唐朝之通俗诗及通俗小说》一文中，王国维还列举了《秦妇吟》《季布歌》《董永传》《春秋后语》（其中三阕词）、《凤归云》（云谣集杂曲子）和全用俗语撰写的唐人小说《太宗入冥》等俗文学作品。其中，王国维对失传多年的《秦妇吟》进行重点考释，并取得了诸多的"第一"。

关于"敦煌遗书"的研究，除了俗文学之外，王国维还对汉朝的文书程式、烽燧制度、边疆官吏的官秩和唐朝的官职制度及其演变、唐朝时敦煌地区统治者的家族情况，以及中国古代重要文书典籍和古音韵学等方面，都有比较深入的研究,甚至是弥补订正了史书中的一些缺失和舛误。据初步统计,王国维先后撰写有关"敦煌遗书"的研究论述近四十篇,他自己对这些研究成果也表示满意。由此可知,王国维已经成为世界显学——敦煌学的发轫者之一。

北大多邀请 一文致决裂

就"食"哈同花园几年间,王国维虽为"生活所累"不得不委蛇于此,但他的学术盛名早已播扬海内外,北京大学对他三请四邀就是明证。不过,狷介书生王国维虽应聘北京大学研究院的通讯导师,并以不素食之秉性积极履行导师职责,也曾为"改造旧北大创建新北大"而出谋划策,但最终却因北京大学考古学会的一纸文章而与之决裂。

北京大学校门。

1. 北大之聘

民国六年（1917）9月2日，王国维收到北京大学第一封邀请信。

北京大学邀请王国维出任文科教授之举，是通过王国维在日本东京物理学校的同学兼同乡马衡进行的。北京大学之所以请当时还未到北京大学任职的马衡担当这一使命，是因为一时还没找到能向王国维进言之人，而马衡的哥哥马幼渔这时已任教于北京大学，故只好由与王国维交谊不错的其弟马衡出面了。对于北京大学的邀请，即将杀青甲骨文里程碑之作《殷周制度论》的王国维，并没有因为生计依然窘迫而贸然答应。对此，王国维在写给罗振玉的信中说："前日蔡元培忽致书某乡人，欲延永（即王国维'永观'之号的谦称）为京师大学教授，即以他辞谢之。"

马衡。

对于王国维的婉言谢绝，胸怀远大的蔡元培也许有所预料，所以四个月后他请即将就任北京大学文科金石学讲师的马衡向王国维发出了第二封邀请信，这时是民国六年（1917）12月。面对北京大学的再次邀请，王国维一时不知如何回答，本想请教莫逆之交的学界前辈沈曾植，又因这位以遗老自居的老先生时刻不忘复辟之念，如向他讨教定会表示赞同，而这并不是当时王国维之所想。于是，王国维又想到了远在日本京都的罗振玉，遂提笔给罗振玉写信诉说："北学之事，若询之寐叟（即沈曾植），必

蔡元培。

劝永行。然我辈乃永抱悲观,则殊觉无谓也。"写完这封信后,王国维是否得到了罗振玉的回信尚未知晓,反正他基于种种原因还是再次婉拒了北京大学的邀请。

关于北京大学第三次邀请王国维一事,诸多书刊中的记载尤其混乱。对此,王国维自己曾于民国七年(1918)6月26日即北京大学发来第三次邀请的第二天,便在写给罗振玉的信中这样说道:"京师大学昨有使者到此,仍申教授古物学及宋元以后文学之请。永对以哈园有成约,并一时不能离沪情形。闻尚有第二次人来,将来拟以哈园一信复之。"

此后,先有民国七年(1918)9月内藤虎次郎邀请王国维到京都大学任教,后有王国维兼任哈同花园仓圣明智大学教授,再有民国八年(1919)3月30日为沈曾植庆祝七十寿诞,接着就是罗振玉于民国八年(1919)4月由日本回国,同年5月王国维长子王潜明与罗振玉三女罗孝纯结为伉俪,可说是事务繁忙。而北京大学更是风云变幻,如民国八年(1919)5月4日爆发了震惊世界的"五四运动",三天后蔡元培辞职离京,在天津写信对"五四运动"表示支持。随后,蔡元培先到上海,再赴杭州,先后两次拒绝北京政府方面电请其回校任职,直到同年7月9日当政府答应其所请后,才致电媒体表示复职,但他真正返回北京大学则是9月12日的事了。经过诸多事变后,蔡元培依然没有忘记聘请王国维到北京大学就职一事,于是就有了第四次的邀请。

北京大学向王国维发出第四次邀请的时间,是民国八年(1919)底。是年,马衡受蔡元培之命先到天津,聘请已定居天津法租界的罗振玉担任北京大学考古学教授,并希望通过他对多年好友、学术同道兼亲家公的王国维发出邀请。对此,罗振玉当时是何态度不太明了,但从随后他写给蔡元培长达数千言的《古器物学研究议》的答书来看,他对就任北京大学考古学教授并不感兴趣,也就是说没有应聘。不过,罗振玉虽没应允北京大学之聘,但他则当着马衡之面向王国维写了一封"诚劝"其应聘的信件。随后,马衡信心十足地赶往上海,向王国维表示当面邀请的诚意,没想到王国维还是婉言谢辞。原来,罗振玉没有应允北京大学的邀请,他也不希望王国维应聘,所以就有了紧跟其后给王国维的第二封信。在这一封信中,罗振玉声明说第一封信并非其真意,而是碍于马衡之面"不得不以一纸塞责"。有此玄机,马衡出面邀请王国维再一次未能如愿,也就是必然的事了。

当然,当时王国维应聘北京大学确有难处,这从他随后写给罗振玉的回信中不难看出:"马淑翁(即马衡)及大学雅意,与公相劝勉之厚,敢不敬承。唯旅沪日久,与各界关系甚多,经手未了之事与日俱增,儿辈学业多在南方,维亦有怀土之意,以迁地为畏事。前年已与马淑翁面言,而近岁与外界关系较前尤多,更觉难以摆脱,仍希望将此情形转告淑翁为荷。"在这封信中,王国维坦诚己见,并透露了"前年已与马淑翁面言"一语,这表明前年即民国六年(1917)王国维一定与马衡当面谈及自己不能应北京大学之聘的实际情况,虽然限于手边资料还不能确定他们是否是在前两次邀请中的某次相见,但至少表明王国维为人处世就像他治学一样,确实是鲁迅先生所评价的那样,是一个"老实如火腿般"的真正而忠厚的学者、老实人。不过,无论王国维是听从罗振玉之劝而"设辞谢绝",还是确有难以应聘之事,马衡在表示遗憾的同时,也非常理解王国维。而当马衡回京向蔡元培如实汇报有关情况后,蔡元培又仔细阅读了罗振玉的《古器物学研究议》答书,遂改变策略但不改变其宗旨地向王国维发出了第五次邀请。

北京大学向王国维发出第五次邀请的时间,距离第四次邀请有一年之隔,即民国九年(1920)底。这时,北京大学已成立了国学研究所,希望聘请像王国维这样的学术大师担任研究所的学术远程指导导师。为使这次聘请获得成功,北京大学先由马衡向王国维发出邀请信,随后再由马幼渔委托即将返回上海的张尔田,向王国维当面表达北京大学聘请之诚意,并说明考虑到王国维的实际情况,改北上进京教授为坐镇上海实施书信方式的远程指导。对于北京大学及校长蔡元培等人如此之诚恳厚意，王国维终于有所感动。第二年即民国十年（1921）2月初，王国维诚恳地向马衡回信说："来书述及大学函授之约，孟劬（即张尔田）南来亦转达令兄雅意，唯体稍孱，而沪事又复烦赜，是以一时尚不得暇晷。俟南方诸家书正顿后再北上，略酬诸君雅意耳。"在这封信中，王国维虽没明确自己应允聘请之语，但也没有像以往那样婉言谢绝。

民国九年（1920）底至十年（1921）9月初，当蔡元培出访欧美回国后，再次派遣马衡前往天津，先聘请罗振玉担任北京大学研究院的函授指导导师，并在得到罗振玉肯定的应允后，再由马衡驰书上海聘请王国维。在这封信中，马衡写道："大学新设研究所国学门，请叔蕴先生（即罗振玉）为导师，昨已得其许可。蔡元培先生并拟要求先生担任指导，嘱为函恳，好在研究所导师不在讲授，研究问题尽可通信。为先生计，固无所不便；为中国学术计，尤当额手称庆者也。"这一次，王国维终于接受了北京大学的聘请，这时已是民国十一年（1922）3月了。

北京大学历时五年之久锲而不舍地聘请王国维之举，不仅体现了蔡元培作为伟大教育家的辽阔胸怀，也从某种意义上促使王国维在应聘几年间将自己的渊博学识、独特治学方法和对教育改革的真知灼见，都"老实如火腿般"地贡献给了北京大学和他的学生们。

2. 通讯导师

王国维应聘北京大学研究所国学门通讯导师后不久，北京大学便于当年7月派张嘉甫专程前往上海，向王国维面交马衡书信和二百元"脩金"。抱定不素食信念的王国维，收下了马衡的书信，却坚决拒绝"脩金"。对此，北京大学以为这表明王国维还没有真正应聘，遂由马衡领受校长蔡元培和国学门主任沈兼士之意，于8月17日再次驰书王国维说明"大学致送之款，本不得谓之束脩"，只是作为通讯导师之"邮资"。同时，北京大学再次派张嘉甫携带二百元"脩金"前往上海，并转达了蔡元培与沈兼士二人煞费苦心之意：

本校现正组织《国学季刊》，须赖静安先生指导处正多，又研究所国学门下半年拟恳静安先生提示一二题目，俾研究生通信请业，校中每月送百金，仅供邮资而已，不是言束脩。尚望吾兄婉达此意于静安先生，请其俯允北大同人欢迎之微忱，赐予收纳，不胜盼荷。顷晤蔡子民（即蔡元培）先生，言及此事，子民先生主张亦与弟同，并嘱吾兄致意于静安先生。

面对北京大学如此的良苦用心和殷切之忱，王国维实在不能拒绝，接着便写信询问研究所有关情况："研究科有章程否？研究生若干人？其研究事项想由诸生自行认定？弟于经、小学及秦汉以上事（就所知者）或能略备诸生顾问；至平生愿学事项，力有未暇尚有数种，甚冀有人为之，异日当写出以备采择耳。《国学季刊》索文，弟有《五代监本考》一篇录出奉寄。"北京大学收到王国维的《五代监本考》一文后，随即刊登在《国学季刊》第一卷第一号上，由此开始了王国维与北京大学短暂而有深意的合作。

在效力于北京大学期间，作为一位有着高深学养且不愿素食的学术大师，王国维认真履行着通讯导师的指导之责，为研究

《国学季刊》第一卷第一号。

所的研究生们拟定了学术研究方向及具体课题。为此，王国维在写给北京大学研究所国学门主任沈兼士的信中说："前日辱手教，并嘱提出研究题目，兹就议事鄙见所及，提出四条。"为了深刻了解王国维的学术研究路数，以及他作为学术导师所体现出的负责精神，兹录其所提四条研究课题及研究方法如下：

一、《诗》《书》中成语之研究

说明　古今言语文章，无不根据于前世之言语。今之言语中，有元明之成语；元明言语中，有唐宋之成语；唐宋言语中，有汉魏六朝之成语；汉魏言语中，有三代之成语。凡此成语，率为复语，与当时分别之单语，意义颇异，必于较古之言语中求之。今之成语，我辈得求之于元明以上之言语中；汉魏六朝之成语，我辈得求之于三代之言语中。若夫以《诗》《书》为三代言语，其中必有三代以上之成语，然今日所存言语，无更古于三代者，其源既不可求，其语亦遂不可解，然犹可参互求之。

今略举数例，如：《诗·鄘风》"子之不淑，云如之何"，《传》《笺》均以"善"训"淑"。不知"不淑"乃古成语。《杂记》载诸侯相吊辞曰："寡君闻君之丧，寡君使某，如何不淑。"《曲礼》注载古伤辞曰："皇天降灾，子遭罹之，如何不淑。"《左》庄十一年传，鲁吊宋辞曰："天作淫雨，害于粢盛，若之何不吊。"襄十四年传，鲁吊卫辞曰："寡君使瘠闻君不抚社稷，而越在他境，若之何不吊。"古"吊"、"淑"同字，"若之何不吊"即"如何不淑"也。是"如何不淑"一语，乃古吊死唁生之通语。"不淑"犹言不幸也。"子之不淑，云如之何"者，言夫人当与君子偕老，而宣公早卒，则子之不幸，将如之何矣。《王风》"遇人之不淑"，亦犹言遇人之不幸，与遇人之艰难同意也。又"陟降"一语，亦古之成语，其义为"陟"，或为"降"，不必相兼。《大雅》"文王陟降，在帝左右"，是陟而连言降者也。《周颂》"陟降厥士，日监在兹"，是降而连言陟者也。《尚书》多言降格，格之本字为各，其字从久，与降字形、声、义三者皆相近，故陟降一语又转为"陟各"。《左》昭七年传"叔文陟恪，在我先王之左右"，正用《诗》语。恪即各之借字，"陟各"即"陟降"也。古"陟""登"声相近，故又转为"登假"。《曲礼》告丧曰："天王登假"；《庄子·养生主》曰："彼且择日而登假"；《大宗师》"是智之能登假于道也"；若此"登假"，亦即"陟降"。《书·文侯之命》言"昭登于上"（《史记·晋世家》引今文），《诗·大雅》言"昭假于下"，登假相对为文，是"登假"即"陟降"之证也。又转而为"登遐"。《墨子·节葬篇》"秦之西有仪渠之国者，其亲戚死，聚柴薪而焚之燻上，则谓之登遐。""登遐"，亦即"陟降"也。上所举"陟恪"、"登假"、"登遐"诸语，皆举其一端言之；则《诗》之"陟降"，于《大雅》义当为"陟"，于《周颂》义当为"降"；然则古之成语不能以分别之单语解之，断可知矣。（《传》以文王上接天下接人解"文王陟降"，《笺》以天上下其事解"陟降厥士"，皆坐分别解之之误。）又如《大雅》"帝命不时"，"不时"即"丕时"。《书·君奭》"在让后人于丕时"，即用此语。永言配命，与永言孝思，句法不同；"孝思"、"配命"，皆成语。《诗》"孝思维则"，毛公鼎铭"不巩，先王配命"，亦其一证。《诗》《书》中如此类，其数颇多，自来注家均以雅训分别释之，殊不可通。凡此类语，能荟萃而求其源委欤？其或不能，则列举之而阙所不知，或亦治经者所当有事欤？

二、古字母之研究

说明　一字之音，有母有韵。古韵之学，创于宋人，至近世而极盛。古字母之学，创于嘉定钱氏，同时休宁戴氏亦作《转语》二十章，而其书不传，其流亦微。惟番禺陈氏作《切韵考》，始据《广韵》中反切，以求中古字母之系统；其所得，与等韵家之三十六字母不同。至于古音中之字母，则尚未有论其全体者，此亦音韵学上一阙点也。此问题不待说明；所当说者，材料与方法耳。今举其要，约有五端：一、经传异文。如《尚书》古今文，《春秋》三传，实同名异，往往遇之；汉儒注中，某读为某，亦其类也。二、汉人音读。古注中某读如目，某读若某是也。三、音训。如仁人、义宜之类。《释名》一书，所用以相释者，什八九皆同母字也。四、双声字，如玄黄、鬐发、栗烈之类，皆同母字也。五、反切。孙炎以下，至于徐邈、李轨之音，见古书注及《经典释文》者是也。苟以此数有参互相求，但顺材以求合，而不为合以验材，仿顾氏《唐韵正》之例，勒为一书，庶几古字母部目或睹其全，不让古韵之学专美欤！

三、古文学中联绵字之研究

说明　联绵字，合二字为一语，其实犹一字也。前人《骈雅》、《别雅》诸书，颇以义类部居联绵字，然不以声为之纲领；其书盖去类书无几耳。此等复语，其变化不可胜穷，然皆有其公共之源。如风曰鬐发，泉曰鬐沸，跋扈曰畔援，广大曰伴奂，分散曰判奂；字虽不同，其声与义各有其相通之处。又如雨之小者曰霡霂，草之小者曰蘼芜，曰绵马，木之柔者曰木髦，虫之小者曰蠛蠓，状草木之细密曰觅髦，状鸟之小者曰绵蛮；殆皆与微字之音义相关。辞赋既兴，造语尤夥，乃至重叠用之，如离骚、须臾、相羊，见于一简之中；《上林赋》"滆测泌濿，㟏呀豁闻"，叠于一句之内，其实为一语之变化也。若集此类之字，经之以声，而纬之以义，以穷其变化，而观其会通，岂徒为文学之助，抑亦小学上未有之事业欤！

四、共和以前年代之研究

说明　《史记》年表起于共和，厉王以前，年祀无考。《鲁世家》别据鲁历，上迄考公；而伯禽一代未著年数，则未能上关周初也。其诸公年数，亦刘歆《三统历》所纪，互有异同。《汲冢纪年》虽有夏商年纪，此太史公所谓"不同，乖异，不足取信者"，今兹所传，又非原本，自皇甫谧以下向壁虚造者，更无论已。然《周书》"武成"、"召诰"、"顾命"诸篇，颇具年月；如能以黄帝颛顼夏殷鲁六历，各上推四五百年，各著其分至，朔望之甲子，以与《尚书》及古器物之月日相参证，虽宗周诸王在位之年数，无从臆说，然武王克殷之年，周公营洛之岁，与成王在位年数，或可得定欤？

附志：黄帝等六历，及历法、及积年，见《开元占经》卷一百五，并参考汪曰桢《古今推步诸术考》。

这就是王国维为北京大学研究所国学门研究生所提出的四个课题，从中不难看出他作为一位学术大师的教授之方，简直就是将自己多年的学术领悟和研究方法和盘托出。随同这四个研究课题的，还有王国维写给沈兼士信中那善意的提议："唯'古字母'及'共和以前年代'二条，其事甚为烦重，非数年之力所能毕事，姑提出以备一说而已。"也就是说，王国维在这里点出了所提四题中的难易，以供研究者参考。确实，例如其中提到的"共和以前年代"一题，这就是近年来中国集中诸多学科的专家学者历时多年才基本完成的极为著名而辉煌的"夏商周断代工程"。王国维提出以上四个研究课题后，北京大学研究所国学门便有五名研究生选中其题，并向王国维写信请教应该如何研究等问题，而王国维也在与这些研究生的大量通信中提出了自己的研究方法，且完全是一种朋友式的学术交流，丝毫没有学术大师居高临下的做派。

与精心指导学生展开学术研究所不同的是，王国维作为曾致力于中国教育改革的先行者之一，他还积极地为北京大学学科建设建言献策。例如，他在写给马衡的信中就提出："现在大学是否有满、蒙、藏文讲座？此在我国所不可不设者。其次则东方古国文字学并关紧要。研究生有愿研究者，能资遣法、德各国学之甚善，唯须择史学有根柢者乃可耳。此事兄何不建议，亦与古物学大有关系也。"王国维如此前瞻性的建议，今天都已经实现，而在当时能提出这样的建议，可见他作为学术大师和教育改革先行者，确实是目光深邃而远大。

3. 愤而决裂

然而,王国维与北京大学的这种愉快合作,后来竟因为北京大学考古学会在报刊上发表的一篇宣言而结束。

关于北京大学考古学会在报刊上发表的《保存大宫山古迹宣言》,从王国维写给沈兼士和马衡的一封信中,不难明了其中缘故。王国维在信中这样义愤填膺地写道:

昨阅报纸,见北京大学考古学会《保存大宫山古迹宣言》,不胜骇异。大宫山古迹所在地是否官产,抑系皇室私产;又是否由皇室赏与洵贝勒,抑系洵贝勒自行购置,或竟如宣言书所谓强占?均有研究之余地。因洵贝勒之毁坏砖塔,而即谓其占据官产,已无根据;更因此而牵涉皇室,则尤不知学会诸君何所据也?至谓"亡清遗孽,擅将历代相传之古器物据为己有",此语尤为弟所不解。夫有明一代学术至为简陋,其中叶以后诸帝尤不悦学,故明代内府殆无收藏可言。至珍异玩好,甲申之变已为闯贼搜刮殆尽。明亡于是年三月,而大清世祖章皇帝始于十月自盛京入居大内,宫廷空虚垂六阅月,其间明之遗物闯贼劫掠之所剩者又经内监之隐匿、宵小之攘窃,殆无孑遗。故顺治初年故宫遗物阗溢都市,吴梅村《读史偶述》诗云:"宣炉厂盒内香烧,禁府图书洞府箫,故国(物?)满前君莫问,凄凉酒盏斗成窑。"又《送王员照》诗云:"内府图书不计钱,汉家珠玉散云烟,而今零落无收处,故国兴亡已十年。"当日布棚冷摊情形如此,是本朝入关以后未尝得明代之宝器也。其可谓历代相传之古器物者,近如国学之石鼓,稍远者如房山之石经,远者如长安之碑洞,皇室未尝据为己有也。其可谓历代相传之古籍者,惟内阁大库之书籍多明文渊阁之遗,此于宣统初年我皇上即以之立京师图书馆,其支流为今之历史博物馆,皇室未尝据为己有也。今日内府之所藏,皆本朝二百余年之所搜集,其大半购自民间,其小半得于臣工之所进奉,《高宗纯皇帝御制文集》题跋一类,与《御制诗集注》中历纪其事,可覆按也。故今日宫中储藏与夫文华、武英诸殿陈列诸物(此二殿物民国尚未缴价以前),以古今中外之法律言之,固无一非皇室之私产,此民国优待皇室条件之所规定,法律之所保护,历任政府之所曾以公文承认者也。夫以如此明白之私产而谓之占据,是皇室于实际上并未占据任何之财产,而学会诸君于文字上已侵犯明白之私产矣。夫不考内府收藏之历史与优待条件是为不智;知之而故为是言是为不仁;又考古学会反对内务部《古籍古物古迹保存法章草案意见书》,于民国当道提取古物陈列所古器作疑似之辞,而对皇室事无论有无不恤加以诬谤且作断定之语,吐刚茹柔是为无勇;不识学会诸君于此将何居焉?又优待条件载民国人民待大清皇帝以外国君主之礼,今《宣言》中指斥御名至于再三,不审世界何国对外国君主用此礼也?诸君苟已取销民国而别建一新国家则已,若犹是中华民国之国立大学也,则于民国所以成立之条件与其保护财产之法律,必有遵守之义务。况大学者全国最高之学府,诸君又以学术为己任,立言之顷不容卤莽灭裂如是也。抑弟更有进者,学术固为人类最高事业之一,然非与道德法律互为维持则万无独存之理,而保存古物不过学术中之一条目,若为是故而侵犯道德法律所公认为社会国家根本之所有权,则社会国家行且解体,学术将何所附丽,诸君所欲保存之古物,欲求其不为劫灰岂可得乎?即不然,强有力者将以学术为名,而行掠夺侵占之实,以自盈其囊橐,诸君所谓文献将全为齑粉者将于是乎实现,不审于学术何所利焉?于诸君何所利焉?二兄素明事理,于此《宣言书》竟任其通过发表,殆偶失之不检,故敢以意见陈诸左右。又,弟此书,乃以考古学者之资格警告我同治此学之友,非以皇室侍从之资格告大学中之一团体也。知我罪我,弟自负责,无预他人,合并附告。伏希亮察。

原来,是因为北京大学考古学会在报刊发表宣言指斥清逊帝溥仪小朝廷皇室人员盗卖宝藏、毁坏古迹一事,引起王国维的强烈不满,遂写了这封

胡适。　　　　　　　　　　容庚。

长信为清室辩护。关于北京大学考古学会与王国维在这件事上的对错问题，姑且不论，反正在同一封信中王国维还向北京大学发出了决裂的"宣言"：

> 弟近来身体屡弱，又心绪甚为恶劣，所有二兄前所属研究生至敝寓咨询一事，乞饬知停止。又研究所国学门导师名义，亦乞取消。又前胡君适之索取弟所作《书戴校水经注后》一篇，又容君希白抄去金石文跋尾若干篇，均拟登大学《国学季刊》，此数文弟尚拟修正，乞饬主者停止排印，至为感荷。

就此，以王国维单方面终止北京大学研究所国学门研究生前往其寓所请学事宜和坚决辞去该研究所国学门导师一职，以及向胡适和容庚索回他们日前拿去准备刊用的文稿并宣布"停止排印"为标志，结束了王国维与北京大学的合作。这时是民国十三年（1924）底，王国维已经"行走"在清逊帝溥仪小朝廷的南书房，但也将结束他与小朝廷在名义上的瓜葛。

六　京都获荣华　晚景凄仓惶

紫禁城太和殿。

民国十二年（1923）5月25日，享有隆盛学术声名的王国维自上海北上进京。

"行走"南书房　种下遗老嫌

1. "奉诏"进京

王国维是应中国已逊位的末代皇帝溥仪之"诏"进京的。

王国维不是真正的遗老，但他交往的人员多是以遗老自居，如沈曾植、升允和罗振玉等。王国维之所以与他们为伍，完全是以学问为纽带，因为他们多是国学根底深厚者。不过，客观地说，王国维与他们经常接触且交谊深厚，时间长了难免会产生一种遗老情结。促使他这种情结更进一步，或者说将他直接推入到遗老行列的，当属罗振玉。民国八年（1919）春末，流寓日本近十年的罗振玉，终于回到了中国上海。旋即罗振玉将三女罗孝纯嫁与王国维长子王潜明后，便携全家前往天津定居。

对于清朝遗老遗少来说，他们在天津"疗伤"的同时，并没有放弃重返皇宫紫禁城的梦想，这其中就有罗振玉。罗振玉定居天津时，溥仪和他的小朝廷还没被冯玉祥驱逐出宫，这就给依然"供职"在紫禁城里或散布在天津等地的遗老遗少们一种希望，许多人始终没有放弃复辟的念想。于是，当罗振玉定居天津与升允等"铁杆"遗老们交往日益密切后，不仅他自己加入到这个行列中，还借机"提携"远在上海的亲家王国维。民国八年（1919）10月，王国维应罗振玉之邀前往天津治疗脚气病，就此结识了原清廷蒙古族高官升允。出生于咸丰八年（1858）的升允，字吉甫，号素庵，又号素存，蒙古镶蓝旗人，历任山西按察使、陕西巡抚、闽浙总督和陕甘总督等显职，还是一位学养深厚的金石学家。所以，当罗振玉将学术盛名播扬海内外的亲家王国维引荐给升允时，这位有"素帅"美誉的大清贵族对王国维极为欣赏，而王国维也因罗振玉对升允有"器识果断，当推素公为第一"之评价，同样对他敬重有加。而今，王国维既然结识了这位满怀复辟心愿的清廷遗老领袖，随后他被溥仪小朝廷一纸"谕旨"宣入紫禁城，也就是水到渠成、顺理成章的事了。

民国十二年（1923）4月16日，逊位的溥仪在紫禁城颁下了这样一道"谕旨"："杨钟羲、景方昶、温肃、王国维，均著在南书房行走。"在溥仪这道"谕旨"中指定的四位南书房行走中，除王国维外，其他三位都是进士出身，故当王国维得知自己以"诸生"身份入选其中时，倍感荣幸和激动。

王国维是何时接到逊位的溥仪"谕旨"的，手边没有资料可以确证，但可以得知罗振玉是在溥仪"降诏"第二天，便急忙写信告诉王国维并催促他尽快北上就职。在这封信中，罗振玉简单介绍了杨钟羲、景方昶和温肃等人的有关情况，还兴奋地写道："此四君子皆一时之选，比年来第一快事。幸早日北来，以付同志之望，此不仅为公贺者也。（月俸亦不薄，足供旅用。）"而这时，王国维因岳母潘太夫人于同年4月10日病故，正在家乡海宁办理丧礼事宜，等到他返回上海时竟收到罗振玉多达五六封催促他北上的信件。不仅如此，罗振玉比王国维对"行走"南书房一事更加上心，因为他早就为王国维治好了两方印章，一方是姓为阳文、名为阴文之印，另一方则是"文学侍从"之印。

在罗振玉这"一日三电"的催促下，王国维终于在逊位的溥仪降下"谕旨"四十天后从上海起程了。民国十二年（1923）5月25日，王国维与男仆冯友乘"新铭"号轮船由水路起程，经过三天海上航行后，于28日到达天津港。王国维到达天津后，住在亲家罗振玉于法租界乐嘉里的新建别墅内，随后由罗振玉陪同拜谢了举荐他进入小朝廷南书房的两位"恩人"，这也是罗振玉在此前信中所提醒的。例如罗振玉在5月10日催促王国维北上进京的信中写道："此次南斋添人之举，出于素相及奉新之疏，谓两人所期者甚富。过津时须谒二公，可接洽一切。弟可陪往。"于是，王国维在天津拜谒这两位"恩人"后，于5月31日抵达北京，暂住在小朝廷"内务府总管"金梁的寓所内。四天后，王国维穿戴好从好友蒋汝藻处借来的朝服，进入紫禁城"晋见"逊位的溥仪，从此开始了他"行走"南书房的短暂岁月。

2. "南斋"岁月

自民国十二年（1923）6月就任"南书房行走"，到民国十三年（1924）11月冯玉祥驱逐溥仪出宫，王国维在紫禁城内"供职"约一年半，除了每六天入值一次，并没有什么具体事务，真的成了一名"行走"者而已。这期间，王国维除了做学问之外，有几件事值得记述。

第一，逊位的溥仪"降旨"为王国维"定级""加恩"。民国十二年（1923）6月4日，王国维首次"晋见"逊帝溥仪正式就任"南书房行走"后，溥仪于同年7月14日"降旨"王国维"著加恩赏给五品衔并赏食五品俸"。据陈瑞云女士在《清帝列传·宣统帝》中记述，当时充任溥仪师傅的俸禄中，单是养廉银最少也有六百两之多。而作为"南书房行走"的王国维，这时至少不低于四百两，这样的月薪很显然属于待遇非常优厚的高薪阶层。既然经济条件有了极大改观，王国维遂于同年9月18日将眷属从浙江海宁老家接到北京，租住在位于地安门内织染局10号一处宽敞的四合院内，并因六天才当值一次而有更多的闲暇时间，用于访求家藏珍本善籍奇书的老友新朋上，这使其学识等方面大有增益，且学术研究方向也有所转变，例如此后他注重于金石学和西北历史地理等领域的研究。

这种优游的日子，并不妨碍逊位的溥仪对王国维的"恩宠"。民国十三年（1924）1月7日，溥仪鉴于王国维等工作卓有成效而再降"谕旨"予以褒奖："杨钟羲、景方昶、王国维等均著在紫禁城内骑马。"关于溥仪赏紫禁城内骑马的待遇，王国维很看重，认为这是有清一朝"特之又特"的高规格恩遇，这从他写给罗振玉的信中可以看出：

维于初二日（1924年1月7日）与杨（钟羲）、景（方昶）同拜朝马之赏。此事在康熙间乃时有之，《竹垞集》中有恩赐禁中骑马诗可证也。然此后则内廷虽至二品，亦有不得者，辛亥以后，此恩稍滥。若以承平时制度言之，在杨、景已为特恩，若维则特之又特矣。

王国维在这里提到的《竹垞集》，是指清康熙年间因博学鸿词而被征为翰林院检讨的朱彝尊之著，其中有一首诗就是记述其被"恩赐禁中骑马"一事。

第二，王国维上《论政学疏》。关于王国维这篇《论政学疏》出炉的背景，虽是由于逊位的溥仪在洋老师庄士敦"教唆"下向往西学而一心想出洋留学所作，但其中对中国近代政治、思想和文化的剖析，却体现了王国维对当时中国政治、文化和思想状况的深刻认识与理解，堪称是一篇见解深邃而文采飞扬的历史文献。

王国维这篇体现其赤诚"忠君"之心的《论政学疏》，当时由于其仅是"内廷"五品文学侍从的身份，并没能及时上奏到逊位的溥仪的"御案"前，直到后来升允在秘密呈送溥仪的上奏中提及此上疏时，才应溥仪之"索观"而得以"御览"，但究竟溥仪对这篇"上疏"是何态度，文献中则没有文字记载。

第三，王国维与罗振玉在思想观点上渐生分歧，为后来爆发的"罗王之裂"之端倪。

一是王国维"进呈"《观堂集林》时，罗振玉希望一并代呈其《殷墟书契前编》《殷墟书契后编》和《殷墟书契考释》等，王国维因不愿陷入罗振玉与郑孝胥等人之间的纷争而婉言推拒。关于《观堂集林》这部被郭沫若誉为"在几千年来的旧学的城垒上"建筑起来的"一座崔巍的楼阁"式的著作，是王国维于民国十年（1921）选编的一部文集。王国维对《观堂集林》如此看重和自赏，故当他刚到南书房"行走"不久，就打算将正在上海装订的这部文集，作为见面礼"进呈"给"皇上"溥仪，并将自己这一想法告诉了亲家罗振玉。不料，罗振玉也想借机将自己关于甲骨文方面的著述，选出几部专程邮寄到北京，请王国维帮助找一家好书店用黄绫包装后一并"进呈"。对于罗振玉这一要求，知晓罗振玉与小朝廷内一些遗老有矛盾的王国维感到很为难，为避免自己卷入其中纷争，遂告知说"数月以后"再办理此事。对王国维这一"托词"，脾气急躁的罗振玉不仅写信表示不必代呈其著述，还"请"将其著述让别人捎回天津。

二是罗振玉让王国维代奏其"上疏"时，王国维以同样缘由予以婉拒。很显然，罗振玉和升允当初举荐王国维进入"南书房"，就是把他当作自己安插进溥仪小朝廷的一颗"棋子"，自然希望王国维始终与他们站在同一战壕里，不仅要起到"眼线"的作用，经常向他们汇报宫廷内部的动向，还要联手对付与他们"政见"不同的其他遗老们，比如主要对手郑孝胥。这让王国维与罗振玉之间逐渐产生了难以调和的裂隙。

第四，跟随"铁杆"遗老"护驾"出宫。民国十三年（1924）10月23日，直系第三集团军总司令冯玉祥在北京宣布脱离北洋政府，转身投向孙中山领导的南方革命党，并发动了著名的"北京政变"。随后，冯玉祥将矛头直指逊位的溥仪"盘踞"的皇宫紫禁城，派遣京师卫戍部队司令鹿钟麟和警察总监张璧二人，具体负责执行割除民国政府"肿瘤"——溥仪小朝廷的任务。同年11月5日，鹿钟麟和张璧带领荷枪实弹的士兵包围紫禁城，宣布新的"清室优待条件"，其中除永远废除皇帝尊号外，还告知溥仪人等在限定时间内撤出紫禁城。面对这"从未有过之奇变"，溥仪人等惊慌失措，不得不在士兵监督下乘坐当局提供的五辆汽车撤出紫禁城，当时王国维等人也夹杂在车驾中。

第五，溥仪人等潜往日本驻华使馆后，王国维于民国十三年（1924）12月3日在该使馆内再次"上疏"溥仪：

窃自"狂贼"（指冯玉祥军队）犯顺，乘舆劫迁，狼子野心，旦夕不测。……今幸上天垂佑，皇上得安抵日使馆。日使处以正寝，礼绝国宾，非徒以皇上往日之馀尊，亦视为中国将来之共主，凡在臣僚，孰不庆幸？……臣伏愿皇上入境问俗，入国问禁，起居言笑慎之又慎。至驻跸之期，尚需时日，环堵之室，颇苦回旋。皇上每日须读书一二小时以颐养心神，运动三四刻以操练身体。又仆御之数，惟在足供使令；引对之臣，亦须选择贤否。凡诸举措，皆系观瞻，务令外人知帝王之自有真，天人之有攸属，则天下幸甚！前日车驾抵日馆后，陈宝琛对臣等诵《檀弓》之言曰："亡国恒予斯，得国恒予斯。"味此十字，实为名言，愿皇上一日三复之。又皇上出潜邸时，未及携带书籍，臣谨呈《后汉书》及唐陆贽《奏议》各一部，用备御览。

王国维这一"上疏"，至今也不清楚溥仪是如何"御批"的。不过，此后不久当溥仪等人潜往天津谋求复辟时，王国维则抽身而出，结束了他"行走"南书房之职，应清华学校之聘入住清华园，从而度过了他一生中最为稳定舒适的短暂生涯。

清华岁月短　导师世称贤

民国十四年（1925）2月，王国维正式接受清华学校之聘，担任该校正在筹建的国学研究所导师。两个月后，王国维携全家从城内迁居西郊清华园，就此开始了他短暂的清华导师岁月。

1. 清华之聘

王国维因何应聘清华学校一事，至今有多种不同说法：一是遵照逊位的溥仪"谕旨"应聘；二是胡适鼎力举荐促成；三是因吴宓恭请就任；四是综合以上三说。

关于王国维是奉溥仪之"诏"应聘清华一说，袁英光和刘寅生两先生在《王国维年谱长编》中，说："胡适之前去敦请王国维时，先生婉谢之。胡适之乃去托溥仪请其代为劝驾，溥仪便命师傅们代写了一道诏书，王国维不好再谢绝，就答应了，所以先生到清

吴宓。

曹云祥。

华任教是奉诏去的。"这一说法,似乎是节录蓝文徵先生在《清华大学研究院始末》中的一段内容:

> 曹校长(即曹云祥)请胡氏(即胡适)主持研究院一切,胡氏辞以学问名望皆不足以领导群伦,乃推荐数位海内大师——梁任公、陈援庵、罗叔言、王静安四人(也有说是梁启超、王国维和章太炎三人的),曹校长皆同意,并敦请胡先生代为礼聘,胡先生往请静安先生,先生婉谢之。胡先生大感失望,乃去托溥仪请其代为劝驾,溥仪答应了,胡先生请他写封信给静安,溥仪在天津关起门来做皇帝,便命师傅们代写了一道诏书,静安先生至是不好再谢绝,就答应,所以静安先生到清华任教是奉诏去的。

这一说法,世人虽因没有得见确凿史料而多不采信,但并不否认胡适在其中所起的重要作用。这就引出了王国维应聘清华学校的第二种说法。

民国十三年(1924)秋天,清华学校校长曹云祥亲自前往地安门内织染局10号的王国维寓所聘请,被王国维婉言谢绝,于是曹云祥便找到他留学美国时的同学胡适帮忙。这时,胡适因与王国维同对《水经注》有研究等学术原因已结为好友,再兼其曾经历过北京大学当初聘请王国维及日前决裂之经验和教训,并没有贸然亲自登门,而是明智地先致信王国维,予以说明"清华学校曹君(即曹云祥)已将聘约送来,今特转呈,以供参考。约中所谓'授课拾时',系指谈话式的研究,不必是讲演考试式的上课"。对于胡适出面邀请,王国维没有像对待曹云祥那样婉言谢绝,但他表示需要"一星期考虑"的时间。既然如此,行事精细的胡适随后又致信王国维,再次表明如果应聘清华学校的话,他在时间和行动上都是独立而自由的,且信中话语处处体现出其对王国维以学术研究为人生理念的理解和尊重:

手示敬悉。顷已打电话给曹君,转达尊意了。"一星期考虑"的话,自当敬遵先生之命。但曹君说,先生到校后,一切行动均极自由;先生所虑(据吴雨僧君说)不能时常往来清室一层,殊为过虑。鄙意亦以先生宜为学术计,不宜拘泥小节。甚盼先生早日决定,以慰一班学子的期望。

面对胡适和曹云祥如此的盛情邀请,以及对自己以学术研究为主旨之体谅,王国维遂决定应聘清华学校导师一职。不过,王国维正式答应接受清华学校聘请一事,就此还引出了关于其决定应聘的第三种说法。

既然王国维以"一星期考虑"之话回复胡适,一个星期后(1925年2月20日)时任清华学校国学研究所筹备处主任的吴宓,在"遵先生之命"的胡适的安排下,再次来到王国维的寓所进行面请,并终获成功。在这里之所以说是"再次"面请,因为吴宓于此前即民国十四年(1925)2月13日曾亲自面请过王国维。对此,吴宓在当天日记中这样写道:"宓持清华曹云祥校长聘书,恭谒王国维(静安)先生,在厅堂向上行三鞠躬礼,王先生事后语人,彼以为来者必系西装革履、握手对坐之少年,至是乃知不同,乃决就聘。"其实,王国维正式应清华学校之聘时,已是吴宓的第二次面请了,并不是第一次面请时"在厅堂向上行三鞠躬礼"所决定。

对于以上三种说法,有人将其综合归纳而言。其实,王国维应清华学校聘请之波折,人们应该表示理解,因为早在民国十三年(1924)6月他在写给罗振玉的信中,虽表露出准备离开溥仪小朝廷而"闭门授徒"的想法,但也明

示了他"亦不应学校之请"的当时心态:

　　观之欲请假者,一则因前文未遂,愧对师友;二则因此恶浊界中机械太多,一切公心在彼视之尽变为私意,亦无从言报称,譬如禁御设馆一事,近亦不能言,言之又变为公之设计矣。得请之后,拟仍居辇毂,闭门授徒以自给,亦不应学校之请,则心安理得矣。

　　既然如此,王国维对清华学校之聘就不能不有所考虑,故经历"几请几谢"也就是情理中事了。另外,关于王国维"亦不应学校之请"的言语,似乎是专门针对北京大学而言的,因为民国十三年(1924)4月曾有北京大学准备聘请王国维担任研究所主任之说,而王国维对此却表现得很冷淡或者说有些反感。这从他写给蒋汝藻的信中不难看出:

　　东人所办文化事业,彼邦友人颇欲弟为之帮助,此间大学(即北京大学)诸

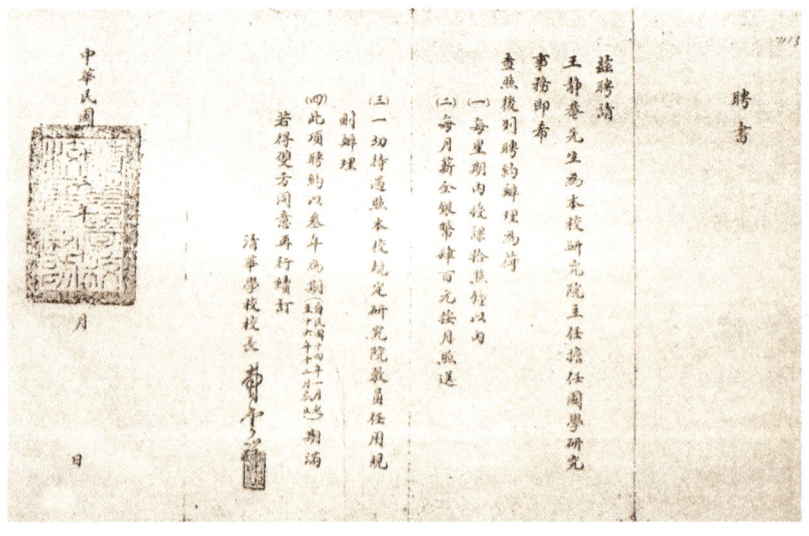

清华学校给王国维的聘书。

清华园坊门。

人,亦希其意,推荐弟为此间研究所主任(此说闻之日人)。但弟以绝无党派之人,与此事则不愿有所濡染,故一切置诸不问。大学询弟此事办法意见,弟亦不复措一词,观北大与研究系均有包揽之意,亦互相恶,弟不欲与任何方面有所接近。近东人谈论亦知包揽之不妥,将来总是兼容办法。兄言甚是,但任其自然进行可耳。弟去年于大学已辞其脩,而尚挂一空名,即以远近之间处之最妥也。

不过,王国维虽对北京大学及其研究所包揽的做法有所"忌惮",但当他决定脱离溥仪小朝廷并面对清华学校之盛情邀请时,最终还是接受了清华学校之聘。当然,关于王国维最终接受清华学校之聘,似乎还应该无所讳言地承认,这时王国维既然脱离溥仪小朝廷,则表明他也就此失去原先优厚的"五品俸",这不能不让他考虑全家人在北京的生计问题,以及他要"收召魂魄重理旧业"的物质保障,即如何使学术研究不受"生活之累"。所以,王国维在应允清华学校之聘后不久,便写信给蒋汝藻说:

数月以来,忧惶忙迫,殆无可语。直至上月,始得休息。现主人在津,进退绰绰,所不足者钱耳。然困穷至此,而中间派别意见排挤倾轧,乃与承平时无异。故弟于上月中已决就清华学校之聘,全家亦拟迁往清华园,离此人海,计亦良得。数月不亲书卷,直觉心思散漫,会须收召魂魄,重理旧业耳。

民国十四年(1925)4月18日,王国维举家迁居清华园。

2. 积极筹建

王国维初到清华时,国学研究所正在筹建中。

当时,由于梁启超等导师没有居住在清华园内或还没有到任等原因,具体负责筹建工作的办公室主任吴宓,便经常到王国维居住的西院寓所请教,商谈研究所筹建及如何招生等事宜,具有丰富教育实践经验的王国维也积极地出谋划策。比如王国维提出学校"必多购置书籍"的建议,清华学校采纳了这一建议,还根据研究所每位导师所授内容不同,任由他们自行决定购置何种书籍,且费用"在京校中已算第一有力矣"。又比如王国维提议招收的研究生不论学历和"来路",务必是"国学有根柢"者。于是,第一期招收的二十九名研究生中多是后来在国学方面大有成就者,如周传儒、刘纪泽、姚名达、徐中舒与何士骥等。至于另一位投考清华学校国学研究所未能如愿,但后来在国学方面同样卓有成就者蔡尚思,因为到达北京时已错过招考时间,故这位由福建省德化县教育局鼎力举荐的考生,后来这样说道:"当时我还不满二十岁,又是从内地跑出来的乡下人,因赶不上考期,经过办公室主任吴宓介绍,王国维马上接见,对我慰勉有加。"再后来,蔡尚思进入北京大学研究所国学门,但仍经常向王国维请教,王国维也都热情地予以鼓励和指导,视若自己的门生一样。例如同年9月24日王国维接到蔡尚思的《文稿》和信件后,便回信说:

前日枉顾,便知足下志趣不凡。昨日接手书,并读《文稿》,如《陈玄传》等,具有思致笔力,亦能达其所欲言,甚为欣喜。年少力富,来日正长,固不可自馁,亦不可以此自限。大稿恐无副本,即由邮局寄还。他日当尚有相见机会。

可见,王国维无论是招收学生还是结交朋友,并不看重学历和来路,只重学识和人品。这也是蔡尚思先生晚年时依然对王国维崇敬有加的原因之一。

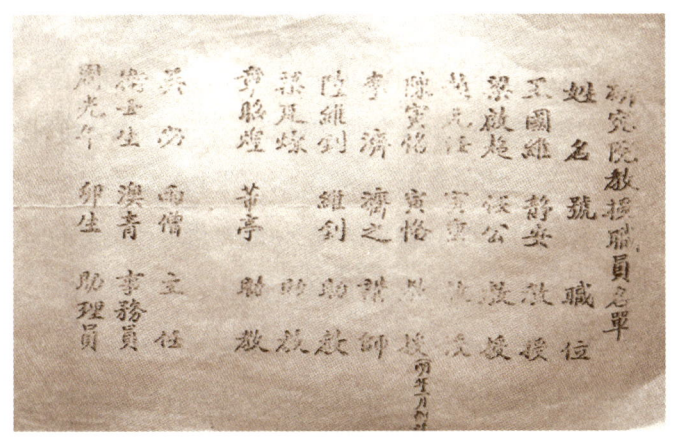

清华学校国学研究院教职员名单。

清华大学图书馆与国学院四大导师。

　　与招生工作同时进行的,还有研究所对各位导师所要教授指导的研究范围进行了明确分工,以及研究生应当如何选取研究课题和如何开展学术研究等内容的商定。例如王国维指导研究的范围有:经学(《书》《诗》《礼》),小学(训诂、古文字学、古韵),上古史和中国文学;梁启超指导研究的内容有:诸子、中国佛学史、宋元明学术史、清代学术史和中国文学;赵元任指导研究的有:现代方言、中国音韵学和普通语言学;陈寅恪主要负责的有:年历学,古代碑志与外族有关系者之研究,摩尼教经典回纥文及译文研究,佛教经典各种文字译文之比较研究和蒙古满洲书籍及碑志与历史有关系者之研究;李济主要研究的则是中国人种考。除了以上所列指导研究内容外,各位导师还有各自负责的普通演讲,即学生必须听讲的演讲课。例如:王国维主讲古史新证和说文练习，梁启超主讲中国通史，赵元任主讲方言学和普通语言学，还未到任的陈寅恪主讲内容暂时未定，李济则主讲人文学。至于学生应该如何选取研究课题及怎样开展学术研究的问题，梁启超曾将他与王国维共同商讨的意见作了精彩演讲：

语言学大师赵元任。

设研究院之本意，非欲诸君在此一年中即研究出莫大成果也，目的乃专欲诸君在此得若干治学方法耳！……主张于论文或研究之外，更兼取专书研究之……研究似以先有客观材料，而以无成见地判断出之为佳。故太宽泛而专靠推论者少选。诸君择题须择定可以从一本书中得基本材料之题，然后研究之，不致棘手。……总之，本院目的，在养成诸君研究学问的方法，以长期见面机会而加以指导。

毫无疑问，这种教授方式具有中国传统的书院特色，又兼采西方科学民主之方法，实是一种研究治学的最佳途径。

史学大师陈寅恪。

3. 清华授业

一切准备就绪，清华学校国学研究所于民国十四年（1925）9月9日正式开学，28日王国维等导师与学生们举行了第一次茶话会。王国维给学生们留下了初识的印象，于这天上午才到校的国学研究所第一期学生姚名达先生后来这样记述说：

名达始识静安先生，以乙丑八月十一日，即一九二五年九月二十八日，午后四时，清华研究院第一次师生茶话会，出席者达五十余。名达方以是日午前到校，举目无亲，逢人辄询姓名，而又素不识先生。见有布袍粗褂，项后垂辫者，私心窃想，"此岂李济先生耶？"须臾，主席致辞，并一一介绍，始知久仰而素昧者，即为此老，聆其声，望其貌，盖忠厚人，可与语，然面生口涩，终席不敢启齿也。又明日，午前九时，受先生课《说文》，始惊其妙解，而有从学之心。课后，以旧在南方大学所考《孔子适周究在何年》求正于先生。是篇以确实之证据，摧破前人鲁昭公二十年、二十四年、三十一年之说，而断为七年或十年。先生阅毕，寻思有顷，曰："考据颇确，特事小耳。"随手翻次篇《易之定义》，名达以说未定阻之。因叩读书求学之法，尽兴而别。自是颇有志于训诂考证。

这时，已具有丰富教学经验的王国维，学术涵养和成就都达到了他自己也是中国当时相关学界的顶峰。以王国维这样学养精深的学术大师来指导青年学子，岂能不因游刃有余而受到学生们的崇敬并大获裨益。如第一期研究生徐中舒先生后来回忆说：

民国十年，余在上海得瑞安孙仲容先生所著书，其《名原》一篇，雕刻窳劣，所引古文字，率以墨钉替

王国维像，在清华学校国学研究院任教期间。

之，每一执卷，辄难卒读，因广搜彝器款识龟甲兽骨文字以补其阙，遂得上虞罗氏所刻雪堂、云窗两丛书及英人哈同所刻"广仓学宭丛书"中，得读先生所著书不下数十种，于是始知并世学者中乃有谨严精深之大师如先生其人者。民国十四年秋，北京清华学校研究院国学门成立，延先生主讲席，余遂决然前往就学，欲以偿积年愿见而无缘相见之大师焉。初，余在南中颇闻先生尚留辫发，至是验之而果然。先生体质瘦弱，身着不合时宜之朴素衣服，面部苍黄，鼻架玳瑁眼镜，骤视之几若六十许老人，态度冷静，动作从容，一望而知为修养深厚之大师也。时先生方讲《古史新证》，以钟鼎款识及甲骨文字中之有关古代史迹者，疏通而证明之，使古史得有地下材料为之根据，此为先生平生最著名之研究。盖取旧作《殷卜辞中所见先公先王考》《续考》《殷周制度论》诸篇，增定而成。先生口操浙江音之普通话，声调虽低而清晰简明可辨。当先生每向黑板上指示殷墟文字时，其脑后所垂纤细之辫发，完全映于吾人视线之前，令人感到不可磨灭之印象焉。

在这里，徐中舒先生谈到自己就学于王国维门下的经过，并提到了"先生平生最著名之研究"——《古史新证》。

《古史新证》，是王国维多年学术研究的一个总结，不仅收录有代表当时一些学术领域的最高成就，也有其为了向学生讲授时而重新总结的新成果，例如"二重证据法"的明确提出。关于《古史新证》和"二重证据法"，王国维在清华学校国学研究所每周讲授一小时的课程中，就曾于开篇总论中这样讲解道：

研究中国古史为最纠纷之问题，上古之事传说与史实混而不分，史实之中固不免有所缘饰，与传说无疑，而传说之中亦往往有史实为之素地。二者不易区别，此世界各国之所同也。在中国古代已注意此事……至于近世，乃知孔安

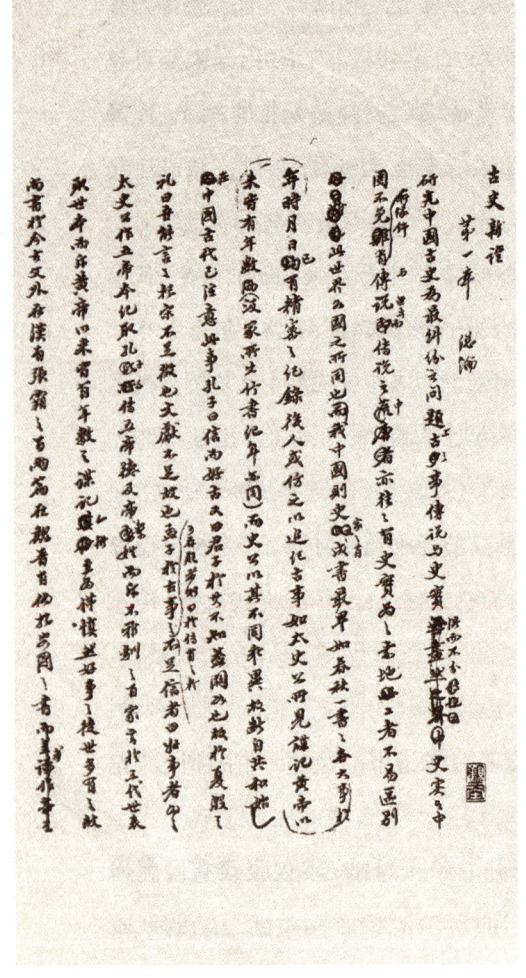

《古史新证》。

国本《尚书》之伪,《纪年》之不可信,而疑古之过,乃并于尧、舜、禹之人物而亦疑之。其于怀疑之态度及批评之精神,不无可取。然昔于古史材料,未尝为充分之处理也。吾辈生于今日,幸于纸上之材料外,更得地下之新材料。由此种材料,我辈固得据以补正纸上之材料,亦得证明古书之某部分全为实录,即百家不雅驯之言,亦不无表示一面之事实,此二重证据法,惟在今日始得为之。虽古书之未得证明者,不能加以否定,而其已得证明者,不能不加以肯定,可断言也。

这就是王国维创建的极为著名而严谨的"二重证据法",它是一个极其严密的实证论科学体系,也是至今研究古史学者的不二法门。在《古史新证》中,王国维于总论下分设"禹"、"殷之先公先王"、"商诸臣"和"商之都邑及诸侯"四部分,这四个部分都是运用"二重证据法"而获得成功的范例。

在此,虽不能详解"二重证据法"的精深内涵,但回顾前文仍不难洞悉王国维独特的治学方法。这在他任教清华学校时有着淋漓尽致的体现。例如民国十五年（1926）3月，清华学校国学研究所招收第二期学生之前，办公室主任吴宓便请王国维、梁启超和赵元任三位导师拟定相关考题。按说，无论是论年龄、地位还是资望及领导能力，能言善辩的梁启超都当之无愧地应该名列首位，而梁启超却对三十年前就仰慕自己大名而到《时务报》"谋生"的王国维谦让有加，并竭力向校方举荐王国维为研究所的首席导师，自己则甘愿退居王国维之后。据说，梁启超在教学过程中如果遇到学生提出疑难之问时，他总会说一句"可问王先生"，处处体现出他对王国维的尊敬和推崇。既然连梁启超都对王国维如此尊敬，四大导师中的另两位则以后学自居，特别是陈寅恪更是将梁启超和王国维当作长辈来看待，处处表现得谦恭有加。所以，当吴宓向几位导师请教拟定考试题目时，居住在城内的梁启超特意给王国维写信请他出题，然后两人再共同讨论商定。于是，以王国维素来认真负责的行事态度，当他接到梁启超信件后，很快便拟好考试题目，并寄给梁启超与其协商。关于王国维的这封信，今天虽已无法查找，但通过梁启超的回信内容，仍不难看出其中的一些内情来：

  尤惧者有天才至美而于考题所发问者偶缺注意，则交臂失之，深为可惜。鄙意研究院之设，在网罗善学之人，质言之，则能知治学方法而其理解力足以运之者，最为上乘。今在浩如烟海之群籍中出题考试，则所能校验者终不外一名物一制度之记忆。幸获于遗珠，两皆难矣。鄙意于采一变通方法，凡应考人得有准考证者，即每科指定一两种书，令其细读，考时即就所指定之书出题，例如史学指定《史通》、《文史通义》（或《史记》《汉书》《左传》皆可）。考时即在书中多发问难，则其人读书能否得闻最易检验，似较泛滥无归者为有效。若虑范围太窄，则两场中一场采用此法，其一场仍泛出诸题，以觇其常识，亦未始不可。

由此可见，王国维和梁启超这两位大师所要招考的学生，并不是那种只会死啃书本的应试之人，而是懂得如何读书及治学之道者。于是，经过王国维和梁启超几次商讨之后，清华学校国学研究所第二期招生的考题终于拟就。对此，考生姜亮夫（字寅清）先生后来便留下了一段别开生面的面试情景：

姜亮夫。

过了几天，清华教务处通知我去面试。到约定日期我到了清华。任公（梁启超）先生亲自接见，问我："松坡（蔡锷）先生是你什么人？"我说："是我父亲的上司，我父亲曾在松坡先生底下做事。"他又说："廖季平（廖平）先生是不是你老师？"我说："是的。"他问还有哪些老师，我就约略地说了一下，他都晓得，他说："这些先生都很好，你为什么不在成都高师读下去？"我回答说，成都高师我已经毕业了。他说："好，我就让你补考吧！"接着就给我出了题目：《试论蜀学》。当即我就写了二三千字的文章交上去。任公先生一边看一边微微地笑着，有时点点头。看完了，他说："姜寅清，你这篇文章说明你在四川读书时是个用功的人，许多四川老先生的书你都认真读的，文章写得也有趣味，教你写文章的是哪位先生？"我说："是林山腴（林思进）先生。"他说："不怪，他是诗人，他的文章也写得很好。"这时是上午十时多，他叫我休息一下，到十一点多，有人来领我去厨房吃饭，饭后休息一下就接着考王静安先生的课。静安先生在里面担任的是"小学"，他出的题目都是"小学"的题目。在这之前，太炎先生的《章氏丛书》我曾反复精读，有一些心得，所以静安先生问我的许多问题，我都没有答错，但都是一家之言。静安先生看了我的卷子以后，便说："你可是章太炎先生的学生？"我说："不是，我是四川来的。"他说："四川来的，怎么说的都是章太炎先生的话呢？"我说因为假期要升学，所以突击看了一部《章氏丛书》。"《章氏丛书》你看得懂吗？"我说："只有一二篇我看不懂，别的还可以看得懂。"王先生连声说："好的，好的，你等一会儿。"他的办公室和任公先生的办公室只隔一道板壁，中间有一道门相通，他就告诉他的助手赵万里先生说："你去跟任公先生讲，姜亮夫这个学生我看可以取。"

就这样，姜亮夫先生成为了清华学校国学研究所的第二期研究生，也从此得到了王国维等导师严格的学术训练。对此，姜亮夫先生还有一段回忆：

一到先生（指王国维）的办公室，先生就说："那份卷子是你的，你的声韵、训诂不错，文字方面还不够，今后怎么办？"我说："请先生指导。"王先生说："课题要自己选定！"过了三天，我把选定的三个题目送给先生看，其中第一个是诗经韵谱，第二个是诗骚联绵字考，第三个是广韵研究。王先生看了题目后问我："广韵如何研究？"我的回答先生不满意。他沉默片刻后说："我看搞诗骚联绵字考吧！"他接着便把自己研究这方面的"谱"（提纲）拿出来给我看。得了先生的指点，我的方向明确，大体框架结构有了底，有关这方面的材料我开始注意起来了。

确实，王国维在清华学校教授过程中，除了对学生要求严格外，还十分讲求"知之为知之，不知为不知，是知也"这一实事求是的教学态度。例如清华学校国学研究所首期招收的研究生周传儒先生，后来这样说道：

研究生要写论文，要质疑，要商酌的题目。他（即王国维）所提出的论文题目，为《诗经》中联绵语（词）之研究，古音韵的研究，历代度量衡之研究，共和以前历史年代考等文。研究生有自拟题目者，亦热忱加以指示，平时质疑问难，极能实事求是，他掌握的，不惮详细反复解释，没有掌握的就说"弗曾见过"，"阿拉弗晓得格"。这真是古人所谓"知之为知之,不知为不知,是知也"。从不放言高论,更不攻击古人,不议论他人长短,不吹嘘,不夸渊博,不抄袭他人言论。

以王国维一贯"忠于事"的认真态度,他在教学中严格遵照国学研究所有关的规定,并没有采取应聘之初所约定的"行动极自由"而行事。例如周传儒先生还曾这样回忆说:

上课从不迟到,亦不早退,风雨无阻。不说废话,以说明题旨为度。他人已说过的东西,从来不抄袭,不掠美,不诋毁,说话负责,做事负责,是一个地地道道、扎扎实实的君子。同学住的地方,不来。来就是上课,上完课就走。他家

《蒙古史料校注四种》,清华学校一九二六年版。

一九二六年清华学校国学研究院第一届研究生毕业合影，前排右起第六人为王国维。

住在西院，同学住新大楼，相距二三里。同学们常去看他，质疑请益，他必竭诚相告。遇有不知道的事，他就说"弗晓得格"。没有一次掩饰。他写字工整，小而秀，但不讲究碑帖，不成一家。

王国维在清华学校国学研究所的两年间，除了自己在西北历史地理和蒙古史等领域进行学术研究外，主要将时间都用在了教授学生如何进行学术研究等方面。例如周传儒先生回忆王国维的教学活动时，说：

王海宁在清华的学术活动，首在讲书，先后教学两年，曾讲说文后序，说文部首。揭示治中国学，非通说文不可；群经讲尚书，尚书凡五十几编，真伪各半，一般说，今文大致可信，古文全部不可信。汉鲁共王壁中书，晋梅赜所上书，皆伪。阎若璩论之綦详。海宁从经学、小学、史学方面，抓梳考证之，何者可信，何者可疑，皆有卓见。诗经问题少，常提而不讲。三礼中，否定周礼，以礼记为晚作，独仪礼十七篇，曾一一解释。

由此可见，王国维在清华学校国学研究所的教学是多么的严谨负责。另外，清华学校国学研究所第一期共招收研究生二十九人，既有直接接受王国维指导的研究者，也有虽没直接受业于其门下者，但他们都在普通讲演中共同沐浴了王国维精深学养的滋润。故此，兹录这二十九人当年研究课题如下，以便人们从中辨识出他们请益王国维等学术大师期间的治学轨迹：

杨筠如　尚书覈古、媵、春秋时代之男女风纪。

余永梁　说文古文疏证、殷墟文字考、金文地名考。

程　憬　二程的哲学、先秦哲学史的唯物观、记魏晋间的哲学。

吴其昌　宋代学术史（天文地理金石算学）、谢显道年谱、朱子著述考、三统历简谱、李延年年谱、程明道年谱、文原兵器篇。

刘盼遂　说文汉语疏、百鹤楼丛稿。

周传儒　中日历代交涉史。

王　庸　陆象山学述、四海通考。

徐中舒　殷周民族考、徐奄淮夷群舒考。

方壮猷　儒家的人性论、章实斋先生传、中国文学史论。

高　亨　韩非子集解补正。

王镜弟　书院通徵。

刘纪泽　书目考、书目举要补正。

何士骥　部曲考。

姚名达　邵念鲁年谱、章实斋之史学。

蒋传官　曾涤生胡泳芝之学术思想、春秋时代男女之风纪。

孔　德　外国音乐流传中国史、会意斛解、汉代鲜卑年表。

赵邦彦　说苑疏证。

黄淬伯　说文会意字、两汉经学史。

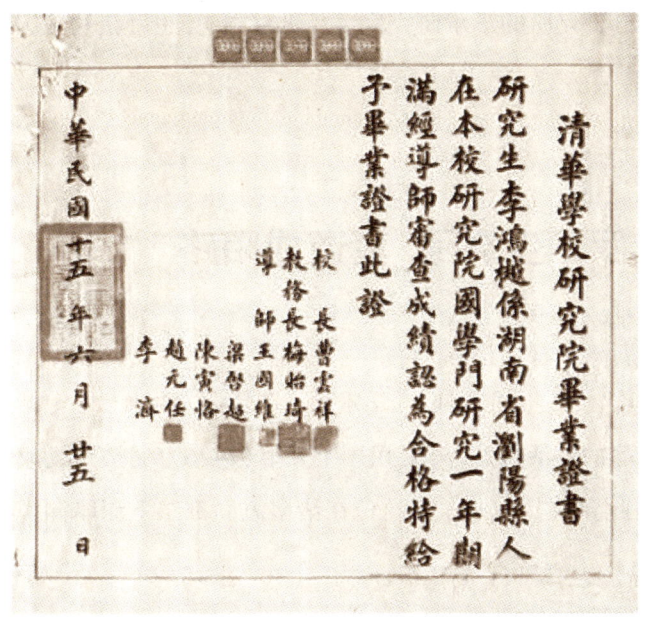

清华学校国学研究院毕业证书。

闻　惕　辜庵丛稿、尔雅释例。

汪吟龙　文中子考信录、左传田邑移转表。

史春龄　孟荀教育学说。

杜钢百　周秦经学考。

李绳熙　唐西域传之研究。

谢星郎　春秋时代婚姻之种类、春秋时代恋爱问题、春秋时代亲属间的婚姻关系。

余戴海　孟荀学说之比较。

李鸿樾　金文地名之研究。

陈　拔　颜李四书字义。

冯德清　匈奴通史。

由此，不难看出研究所的学术研究宗旨及研究方向，也可获知王国维等导师所授成果。

罗王生裂隙 莫逆成陌路

王国维在清华学校两年间，可以说学术上日臻精深，生活上稳定舒适。然而，这种丰硕宁静的生活状态，却在民国十五年（1926）9月被一场家庭变故彻底打破，并因此导致其与罗振玉这位在诸多方面都结下深厚渊源的老友彻底决裂。

1. 家庭变故

民国十五年（1926）9月26日，王国维最钟爱的长子王潜明不幸在上海病逝。这成为王国维与罗振玉这对亲家兼三十年莫逆决裂的导火索。

王潜明是王国维与结发妻子莫氏所生，是海宁王家的长房长孙，寄托着王家特别是王国维的极大期望，也得到了王国维的特别器重和教养，这从王国维写给王潜明的诸多信件中可以明了。不过，王国维并不希望王潜明及另外几个儿子继承父业，而是鉴于自己一生为生活所累而到处辗转之境遇，总希望他们能"学以谋生"，即拥有一技之长以保障将来生活。当然，王国维并不是功利的实用主义者，他在教导王潜明要"学有专长"的同时，非常重视对其进行中国传统文化的教养，使其不致成为只会办理具体事务而没有文化修养之俗人。所以，当王潜明于民国八年（1919）由上海工部局所属的育才公学肄业后，便遵照父亲意愿放弃已通过的香港大学高等考试，重新投考海关这一"铁饭碗",并从报考海关的近三百名考生中脱颖而出,成为上海海关录取的十二名职员之一。对于这一喜讯,王国维兴奋地写信告诉亲家罗振玉说:"此次得一职业,使身有所归,甚为幸事。但愿以后循分而进,则其一生幸福较我辈为多矣。"同时,王国维提醒王潜明进入海关工作后,不能陷入"只能记阿拉伯数字及地名、船名"之境地,而丢弃原先养成的读书学习的好习惯。当然,王潜明没有辜负父亲王国维的期望,"虽服务海关,然平日游心文史",是一个有深厚文史功底的有修养者。

然而,王潜明与罗振玉三女罗孝纯自民国七年(1918)结婚后,夫妻俩情深意笃,也最受王国维和罗振玉两位父亲大人的关爱,但他们所生两个女儿则先后夭折,这不能不让王潜明与罗孝纯俩心里承受着巨大的丧女之痛。另外,王潜明与罗孝纯俩的性格都很要强,虽没有资料表明他们之间发生过什么摩擦,但由民国八年(1919)王潜明调往天津海关工作时,坚决不愿住在罗家的举动可见一斑,而从罗孝纯后来不愿接受海关抚恤金的坚持己见中,也不难得知她的倔强脾气。

民国十四年(1925)5月,王国维应聘清华学校国学研究所导师后,王潜明奉命调回上海海关工作。同年7月,罗孝纯在婆母即王潜明继母潘氏的陪同下,来到上海与王潜明团聚。不料,一年后即民国十五年(1926)6月王潜明突然生病,经过一番混乱的医治后,病势终未见好。关于王潜明的病状及治疗等情况,父亲王国维十分挂念,但他却只能从罗振玉处获知消息。例如王国维于同年9月22日即中秋节的第二天给罗振玉发了一封快件进行询问,罗振玉随即于23日回信谈及了王潜明的一些情况:

顷奉到快信,闻伯深病事。渠于六月猝病,痛泻甚剧,医治未复元,即赴海关,上月致又发热。中医谓是温病,林洞省谓类似肠窒扶斯(注:伤寒),已而又言非是,有时又言似是。舍弟因其捉摸不定,乃劝服中医药,热已退,闻因吃馒首又小反复（渐热渐泻），乃改延林洞省，乃令断食两旬馀（但服米汁）。伯深信之，又打药针，肠微下血，惟又言体弱，仍服药不能打针，但仍须断食旬馀。肠病不可食干，因不易消化，此乃定理（前吃馒首诚太过，此刻久久禁食又过矣）。若矫枉过正，致胃气虚极，亦非正法。弟前领服荷米□代药（扶胃固本，亦流汁也），伯深信林太过，不肯服。昨又作函劝之，不知有效否？渠夫妇性皆偏执，无如何也。恐公不知（小女侍疾甚忙，未必得暇作禀），故内人前以舍弟书致亲家太太，想已知其大概矣。舍弟与渠居密迩。弟托渠就近招呼，并由渠处男仆往，帮同招呼，故舍弟时有信来。弟实放心不下，然亦但有托舍弟，而伯深亦不听舍弟所说，真无可奈何也。

可见，王潜明不仅断断续续生病达三个多月之久，而且病症始终没有得到确诊，不确诊自然不能对症下药，于是中医和西医轮流医治，这很显然是治病之大忌。果然，接到罗振玉这一回信的同时，王国维也收到了长子王潜明病危的告急电报，于是他立即前往上海看望。遗憾的是，当王国维心急火燎地赶到上海时，他最钟爱的长子王潜明已经病入膏肓，遂于当天即民国十五年（1926）9月26日不幸病逝。

2. 老友决裂

面对长子王潜明年仅二十七岁竟病逝而去，王国维悲痛欲绝，"逢相识即告以长子死矣"，精神上受到了极大的刺激和损害。然而，正当王国维在上海办理王潜明丧事并沉浸在长子早逝的无尽悲痛中时，亲家罗振玉从天津赶到上海，并在女婿王潜明入殓后，竟带着女儿罗孝纯不辞而别，先行回到了天津。

罗振玉这一举动，使正处在老年丧子巨大悲痛中的王国维心里极为不满。对此，王国维之女王东明女士后来回忆说：

> 父亲最爱大哥，大哥病逝，给父亲很深的打击，已是郁郁难欢，而罗振玉先生又不声不响地偷偷把大嫂带回娘家，父亲怒道："难道我连媳妇都养不起？"然后把大哥生病时医药花费全汇去罗家，他们寄还回来，父亲又寄去，如此往复两回，父亲气得不言语，只见他从书房抱出了一叠信件，撕了再点火焚烧。我走近去看，见信纸上款写着：观堂亲家友（有）道……

可见，先是罗振玉损害了王国维的感情，后来才有王国维寄还医药费之举。而随后，随着两位亲家关于海关发放的抚恤金归属问题，展开了你来我往的书信辩论。在辩论中，双方言辞逐渐激烈，并上升到知识分子极为看重的人格方面，从而导致近30年深厚友情和学术情谊的彻底决裂。

民国十五年（1926）10月24日，王国维料理完长子王潜明后事回到北京后，给罗振玉写了这样一封信：

> 维以不德，天降鞠凶，遂有上月之变。于维为家子，于公为爱婿。哀死宁生，父母之心彼此所同。不图中间乃生误会，然此误会久之自释。故维初十日晚过津，亦不复相诣，留为异日相见之地，言之悯悯。
>
> 初八日在沪，曾托颂清兄以亡儿遗款汇公处，求乞代为令媛经理。今得其来函，已将银数改作洋银二千四百二十三元汇津，日下当可收到。而令媛前交来收用之款共五百七十六元（镯兑款二百零六元五角，海关款二百二十六元五角，又薪水一个月一百四十三元），今由京大陆银行汇上，此款五百七十七元与前款共得三千元正，请公代为之全权处置。因维于此等是向不熟悉，且京师亦非善地，须置之较妥之地，亡男在地下当为感激也。

在这里，王国维不仅透露了他于"初八日"即民国十五年（1926）10月12日亦即从上海返回北京的前一天，委托他在上海的老朋友金颂清将海关发放的二千四百二十三元抚恤金从银行汇给了罗振玉，又将儿媳罗孝纯交来的"收用之款"五百七十六元于当日寄还。另外，王国维在信中还表示"此次北上旅费，数月后再当奉还"，"令媛零用，亦请暂垫"。在信中，王国维虽然没有明确说明他们之间在上海到底发生了怎样的误会，但他还是真诚地希望将误会"留为异日相见之地"解决。不料，就在王国维这封信发出的当天，家中男仆冯友从上海运送家具到天津时，带回了罗振玉于此前三天即10月21日的来信：

冯友来，交到由沪运来的小女家具，照单收到。……顷又由颂清寄到（原函奉览）大札，并汇来伯深恤金等二千四百廿三元，虽已遵来示告小女，而小女屡次声明不用一钱，义不可更强，汇条暂存敝处……千万请公处置……

对于罗振玉信中谈到女儿罗孝纯不愿接受抚恤金一事，王国维于10月25日的回信中以长辈身份为儿媳的将来作了打算：

昨函甫发，而冯友回京，交到手书，敬悉一切。令媛声明不用一钱，此实无理。试问亡男之款不归令媛，又当谁归？仍请公以正理谕之。我辈皆老，而令媛来日方长，正须储此款以作预备，此即海关发此款之本意，此中外古今人心所同，恐质之路人无不以此为然者也。京款送到后，请并沪款以并存放，将原折交与或暂代为收存，此事即此已了，并无首尾可言。

三天后，即10月28日罗振玉在回信中言辞开始变得有些激烈而尖刻地说：

两奉手书，已悉一切。颂清汇来之款须取保，方拟待尊复取汇，而又由大陆汇款来（今午到），殊非下走之意。然既已汇至，但有取出，合前款共得三千元。两次来谕，遵示小女，而小女信誓不渝，未可再强之，此亦所谓匹夫匹妇之愚，圣人之所许也。既尊示以北京非安稳之地，弟当代存此间兴业，但存款须有印鉴，请将公号印寄下，至存放以后，存据当专人送京，京地虽丕变，此一纸随时可携身畔也。弟迩来于家事亦渐图卸肩，小女在此，以鬻书之资一部分给之，不至饥寒，其昆季尚非甚谅薄者，日后当不至休戚不相顾也。

面对罗振玉这样一封回信，承受丧子之痛的王国维感到人格上受到了蔑视，于是10月31日写就了一封措辞同样激烈的回信：

昨奉手书，敬悉种种。亡儿遗款，自当以令媛之名存放。否则，照旧日银庄之例用"王在记"亦无不可。此款在道理、法律当然是令媛之物，不容有他种议论。亡儿与令媛结婚已逾八年，其间恩意未尝不笃，即令不满于舅姑，当无不满于其所夫之理，何以于其遗款如此之拒绝？若云退让，则正让所不当让；以当受者而不受，又何以处不当受者？是蔑视他人人格也。蔑视他人人格，于自己人格亦复有损。总之，此事于情理皆说不过去，求公再以大义谕之。此款即请公以令媛名存放，并将存据交令媛。如一时不易理谕，即暂请代其保存。此间非保存之地，如掠夺事起，未有不搜索身畔者，故虽一纸，亦不妥也。

按说，王国维这封信虽然措辞也较激烈，但是主要内容依然停留在家事上，总体来说还是比较委婉的。而罗振玉于11月3日发来的信件中，不仅针锋相对，还翻出了三十年间的旧事，俨然一封绝交信：

弟公垂交三十年。方公在沪上，混豫章于凡材之中，弟独重公之才秀，亦曾有一日披荆去棘之劳。此三十年中,大半所至必偕,论学无间,而根本实有不同之点。圣人之道,贵乎中庸,然在圣人已叹为不可能,故非偏于彼,即偏于此。弟为人偏于博爱,近墨;公偏于自爱,近杨。此不能讳者也。

至小女则完全立于无过之地。不仅无过,弟尚嘉其知义守信,合圣人所谓夫妇所能,与尊见恰得其反。至此款,既承公始终见寄,弟即结存入银行,而熟筹所以处之之策。但弟偏于博爱,或不免不遵从耳。

如今,关于王国维是如何回复罗振玉这一绝交信的,由于信件遗失,已无从知晓,但从罗振玉于11月11日的再回信中,不难看出王国维回信的大致情况:

奉手书敬悉。亦拳拳以旧谊为重,甚善甚善。弟平日作书不逾百字,赋性简拙,从不欲与人争是非,矧在今日尚有是非可言耶?以来书严峻,故尔云云,殊非我心所欲也。此款既由弟代管,拟以二千元贮蓄,为嗣子异日长大婚学费,余千元别有处置之法,以心安理得为归,不负公所托也。

由此可见,因为王国维在抚恤金问题上的固执己见和他"以旧谊为重"的拳拳之诚,罗振玉终于表示妥协。不过,在罗振玉的信中,还谈到将二千元作为嗣子"长大婚学费"一事。原来,长子王潜明病逝后,王国维按当时旧俗,将次子王高明之子王庆端过继给王潜明年仅二十四岁的遗孀罗孝纯为子,这就是罗振玉在信中提到嗣子一事的背景。非常遗憾的是,王庆端过继给罗孝纯后亦早殇。

经过这番书信往来争辩后,王国维与罗振玉这对亲家兼三十年好友从此再无交流。半年后,王国维在颐和园昆明湖蹈水自尽,罗振玉闻讯愧疚万分,说:"静安以一死报知己,我负静安,静安不负我。"

这就是悲剧！而悲剧起因仅仅是家庭琐事。对此，罗振玉的长孙罗继祖先生后来追忆罗、王之间最初发生误会时，说：

潘夫人处置善后偶尔失当，姑母（指罗孝纯）泣诉于祖父，祖父迁怒于王先生，怪他偏听妇言，一怒而携姑母大归。……三十年凤交感情突然破裂，原因是祖父脾气褊急，平日治家事事独断，而王先生性格却相反，平日埋头治学，几于不过问家政，一切委之阃内。在这种情况下，王先生既难于向老友剖白衷情，而祖父又徇一时舐犊之爱，竟至弃多年友谊于弗顾，事情闹僵，又没有人从中转圜，以至京津虽密迩，竟至避面，直到王先生逝世。

按说，这确实只是一些家庭琐事，如果双方都能够冷静地换位思考，事情也许不会发展到后来的局面。特别是罗振玉的那封绝交信，可以说是直接损害了两个人的友谊和王国维的感情，也是王国维后来走向自沉之路不容忽视的一个因素。对此，王国维之女王东明女士后来这样解析说：

任何一句，无不伤人自尊，不是常人所能忍受的。也由此，使我想到被父亲焚去的信件，当有更甚于此者。再从父亲给罗氏的信来看，无不婉转谦抑，委曲求全，未发现有恶言相向的。我常常痴想，如果二人不失和，父亲伤心时得到挚友的劝解慰藉，迷惘时获得劝解宣泄，或可打消死志，拉一把与推一把，其结果就不可以道里计了。

然而，现实很多时候并不会按照人们的假想去发生，何况这还是王东明女士的"痴想"呢。

五秩刚初度 世变扰人心

民国十五年（1926）12月3日，是王国维旧称"五秩初度"之辰，可这时距离长子王潜明病逝仅仅两个月零几天，而与老友罗振玉发来绝交信也只有一个月的时间。

民国十五年（1926）7月，中国大地上云沉雾暗、海沸雷鸣，在中国共产党的影响、推动和组织下，国民革命军发动了声势浩大的北伐战争。与这场史无前例大战相伴而生的，还有向来以拯救社会苍生为己任且极为活跃的学界的运动。在学术重镇北京城里，先有青年学生发起轰轰烈烈的学潮运动，后有北洋政府的血腥镇压，再有学界人士的挺身而出，接着便是学界在政府高压下的抗争、惶恐与苟活了。纯粹学人王国维向来对政治不感兴趣，社会交往也都是学界名流，所以他对社会局势缺乏应有的了解和精准判断，以致心思受到极大干扰和损害。

对此，姜亮夫先生这样回忆王国维当时的生命情态：

一九二七年四月，李大钊先生遇害。北京学生界大为愤怒。此后北京局势也日趋紧张，恶化。广州北伐军已渐渐逼近南京，并攻下南京，渡河北上。清华院内国共两党斗争也日益激烈，时有传闻说，清华有的教授先生带家眷到美国去了，这时国学研究院也起了许多变化。政治牵连较大的是王静安先生，他是末代皇帝的老师，脑后有长辫，又听说长沙叶德辉被杀，罗振玉已进入东交民巷某国大使馆，清代遗老都纷纷"逃难"，犹如大祸临头！这是政治变革前夕的一般现象。静安先生很着急，他本来从不问政治，外交情况也不知，但他有一个同乡学生经常到他那里去（名叫何士骥），劝先生剪发。有一天，北大教授马先生来看王先生，也谈到剪辫子问题，这些劝解都是从形式看问题，也有一定用处。这时梁任公先生突然去天津，所以静安先生心中更为惶恐。在这期间，我去过二三次，前两次有人在不能讲话，有一次七时半去果然无他人，先生说："有人劝我剪辫子，你看怎样？"我说："你别管这些事，这个学校关系到国际关系，本校是庚子赔款而维持的，一定要看国际形势，你剪不剪辫子，这是形式。"他听了我的话后，觉得有点道理。我还劝他不要离开清华一步（这时大概是农历四月二十八日，一九二七年）。以后我又去过一二次，书房里已乱得很，先生在清理稿件。我最后一次去静安先生家是农历五月初二。先生说："亮夫（！）我总不想再受辱，我受不得一点辱！"我再劝先生。并把静安先生这话告诉寅恪先生，寅恪先生本来要去看静安先生，因他立即要去城里未婚妻家，所以打算晚些时候再去看静安先生。回寝室后，我又告诉同室人，大家无奈何。

像王国维这样品操高贵的学界巨子，怎能经受住"暴徒"的污辱呢？完全可以相信，这时的王国维已经想到了自己生命的归宿，且归宿的方式和地点也基本考虑周全。

之所以这样说，是因为在梁启超于同年5月31日收拾行李准备离开北京的前一天，也就是民国十六年（1927）5月30日，王国维就任"南书房行走"之初曾暂居其家、时任溥仪小朝廷内务府官员的金梁，专程从天津来到清华园看望王国维，两个人谈到当前的局势和溥仪小朝廷的前途，最后不知因何还谈到了颐和园的昆明湖。对此，金梁后来这样记述说：

公殉节前三日，余访之校舍。公平居简默，是日忧愤异常时。既以世变日亟，事不可为，又念津园可虑，切陈左右，请迁移，竟不为代达，愤激几泣下。余转慰之。谈次忽及颐和园，谓："今日干净土，唯此一湾水耳。"盖死志已决于三日前矣。

由此，下面就跟随王国维走向颐和园的昆明湖，因为一代学术大师即将在这里结束短暂而丰富的"五十之年"的生命。

自蹈昆明湖　死因众揣度

既然生命归宿的地点和方式已经选定，王国维便不再像"五秩初度"时那样心神不宁，表面世事上他复归常态，至于内心是否宁静如初，想来一如他作为一代学术大师本有的状态。

民国十六年（1927）6月1日，王国维清早来到学校工字厅，因为这天是国学研究所第二期三十六名研究生毕业的日子，师生同庆的毕业宴会将在这里举行，所以工字厅里早已布置妥当。毕业宴席共四桌，所有师生欢聚一堂，大厅里弥漫着喜庆的气氛，而王国维就座的那一席却寂然无声，当然师生已习惯他的沉默寡言，所以也没人特别在意。

散席时，王国维和平常一样，与人们一一作别，离开工字厅后与陈寅恪一同散步回家，并顺路到陈家畅谈了一番。这时，国学研究所的学生姚名达、朱广福和冯国瑞三人游览朗润园归来，路经王国维居住的清华园西院时，新入学的朱广福说他还未曾到过王国维家，于是在姚名达的提议下，三人一时兴起便来到王家拜访。当时，王国维还在陈家畅谈未回，接到家人电话告知有学生访问时，便即刻从陈家返回，并与三个学生"博问而精达"了一个小时，直到家人将晚饭摆上桌，王国维才按惯例将几位同学送出庭院。

当晚，学生谢国桢和刘节来到王国维家拜访，谈话内容包括阴阳五行的起源及日本学者研究干支之得失,还涉及了社会时局。一谈到这一话题,王国维就神色黯然地说:"闻冯玉祥将入京,张作霖欲率兵总退却,保山海关以东地,北京日内有大变。"送走谢国桢和刘节后,王国维又应邀为他们题写了扇面,内容是唐朝末年韩偓(字致尧)的七言律诗,一首为《即目》(也称《即日》),另一首为《登南神光寺塔院》。由于王国维是依据《玉山樵人集》《四部丛刊》初编,影印上海涵芬楼所藏的旧抄本,所以在扇面上他便直接题写为"玉山樵人诗"。题完这两首诗,王国维又为谢国桢一位名叫著青的年轻友人题了两首诗。题好这些扇面后,王国维还挑灯批改了学生们的作业,然后才安然入睡。后来,据

颐和园昆明湖。

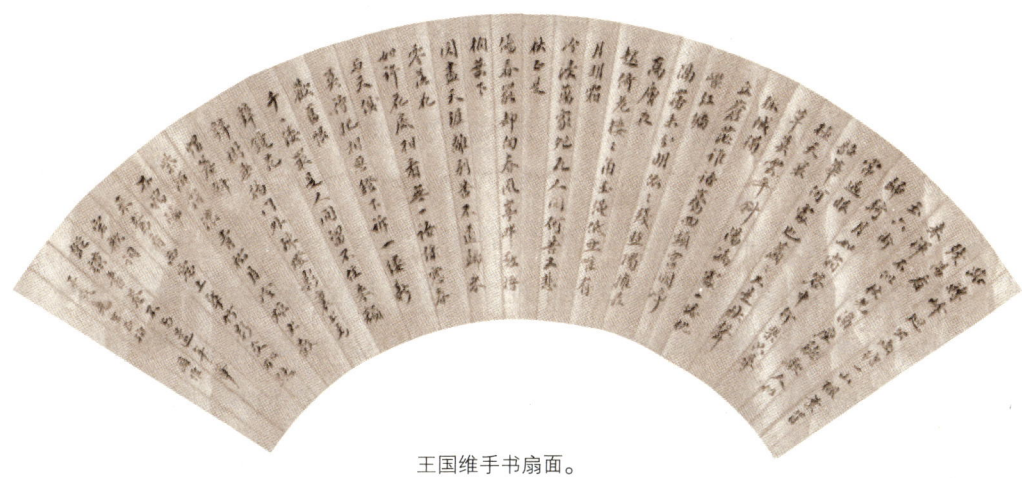

王国维手书扇面。

王国维夫人潘氏回忆说，王国维当晚熟睡如常，没有什么异常的举动。第二天早晨起床后，据那时已15岁的王国维之女王东明女士后来回忆说："六月二日晨起，先母照常为他（王国维）梳理发辫，并进早餐，无丝毫异样。"

然而，"无丝毫异样"的王国维于上午八时准点来到清华学校国学研究所，先将前一晚为谢国桢等同学题写扇面诗台头的"兄"字改为"弟"字，然后又请研究所工作人员到其家中取回批改好的学生作业，接着还与同事商谈了下学期招生等相关事宜。处理完这些日常事务后，王国维向研究所办公室工作人员侯厚培借了两块银元，因侯厚培身边没有零钱就借给他五元一张的纸币。众所周知，王国维从来没有带钱的习惯，所以大家对此并不以为怪，也就没人询问他准备干什么去。于是，王国维很随便地走出校门，叫了一辆由清华学校组织编号为三十五的人力车，径直往颐和园而去。上午十时左右，王国维到颐和园下车后让车夫在园外等候，自己则购票入内且直奔佛香阁排云殿前的昆明湖。漫步走过颐和园长廊，王国维在石舫前兀自独坐沉思，约半个小时后又走进了鱼藻轩。这时，王国维从身上掏出一支纸烟，点燃后慢慢地抽完便掐灭了烟头，接着便从鱼藻轩石阶上猛然纵身跃入湖中，此时大约是十一时左右。恰巧，这时距离鱼藻轩大约十几米处有一个清道夫，他见有人跳水便奔来抢救。他跳入水中将王国维救上岸，整个过程不足两分钟，王国维既没有呛水，就连背后衣服也未浸湿，但由于湖水较浅，而王国维死志坚决，入水时又是用力将头部首先栽下，所以口鼻都被淤泥堵塞，以致窒息而亡。

王国维离开清华学校前往颐和园的情况，学校和家人都不知晓，也没有引起人们的注意。直到下午三时左右，当王家人打电话到研究所询问时，侯厚培才得知王国维并没有回家，于是他急忙到学校门口询问，从而得知王国维已于上午九时左右乘坐三十五号人力车到颐和园去了，侯厚培随即骑车赶往颐和园。与此同时，刚刚从上海转入燕京大学就读的王国维三子王贞明，

颐和园鱼藻轩。

也从清华学校门口人力车夫处得知这一信息,即刻乘车往颐和园方向赶去。途中,王贞明遇到正赶往清华学校的三十五号人力车,车上乘坐着一名面色严峻的巡警,王贞明见状便有一种不祥的预感。果然,王贞明从人力车夫口中得知父亲王国维已经蹈湖自尽,随即与巡警一道赶往颐和园予以确认。

当晚七时,王国维蹈湖自尽的消息传到清华学校,校长曹云祥正在参加一个会议,闻听王国维蹈湖自尽,感到非常震惊,随即在会上将消息告知与会人员,并立即进行紧急磋商后,与教务长梅贻琦亲自组织、带领三十余名教职员和学生,分乘两辆汽车赶赴颐和园。当时,由于北京的政治气氛已十分紧张,负责颐和园戒严的守兵不容许师生进入,经反复交涉后,才容许校长曹云祥和教务长梅贻琦等少数几人入内。当时由于尸体未经检验,学校不能当夜将王国维的遗体运回,众人只好返回学校,随后便组成治丧委员会,并商定第二天如何办理丧事等事宜。6月3日,清华学校组织众人与王国维亲属前往颐和园,瞻仰王国维的遗容。众人来到鱼藻轩亭前,只见一张破旧篾席覆盖在王国维的遗体上,篾席四周用砖块压上,景象甚是凄凉。当有人揭开篾席时,突然间天空中浓云密布,滚滚雷声从天边炸响,人们借着昏暗天光,才看清眼前令人惨不忍睹的景象:在鱼藻轩内冷硬的砖地上,王国维四肢蜷曲着匍匐在地,面目已经变得紫胀。目睹这一景象,惨淡之色顿时遮盖了在场所有人的面庞,而清华学校的师生和王国维的亲属们则痛哭不已,恸声震天。

一代学术巨人轰然而逝,一颗国学巨星悄然陨落,怎不让人痛彻心扉,又怎不能使天地同悲!

然而,直到下午四时左右,检验尸首的检察官才来到颐和园,遂开始在清华学校师生和王国维家属的监视下检验尸首。这时,检察官从王国维衣袋中发现一份遗嘱和四元四角钱,从而证明了王国维确属蹈湖自尽。遗物交给王国维的三子王贞明,接着清华学校组织校医对王国维遗体进行梳洗入殓,并于当晚九时将棺柩运到清华园南面的刚秉寺。当时,由于天气炎热不利遗体存放,清华学校在征得王国维家属同意后,当晚便在刚秉寺内举行了简朴的丧礼。参加王国维遗体告别和送殡的,除了王国维的亲属和部分学生外,还有梅贻琦、吴宓、陈寅恪、梁漱溟、陈达和北京大学的马衡及燕京大学的容庚等人。

一代学人自沉昆明湖之后,留给人们的有无尽哀思,还有供世人充分揣测的死因。虽然王国维自尽前留有一封遗书,但正是遗书开头那两句语焉不详但意思应该很明晰的话,更加调动了人们的丰富想象力。在这封遗书的封面上,王国维清晰地写着"送西院十八号王贞明先生收"十二个字,由于遗书全文仅有百余字,故照录如下:

五十之年,只欠一死。经此世变,义无再辱。我死后,当草草棺殓,即行槁葬于清华茔地。汝等不能南归,亦可暂于城内居住。汝兄亦不必奔丧,因道路不通,渠又不曾出门故也。书籍可托陈、吴二先生处理。家人自有人料理,必不至不能南归。我虽无财产分文遗汝等,然苟谨慎勤俭,亦不至饿死也。

五月初二日,父字。

五十之年，只欠一死。经此世变，义无再辱。我死后当草草棺殓，即行藁葬于清华茔地。汝等不能南归，亦可暂于城内居住。汝兄亦不必奔丧，因道路不通，渠又不曾出门故也。书籍可托陈、吴二先生处理。家人自有料理，必不至不能南归。我虽无财产分文遗汝等，然苟谨慎勤俭，亦不至饿死也。

五月初二日父字

王国维遗书。

王国维留给儿子王贞明的这封遗书，写于夏历五月初二日，也就是王国维自尽的前一天。在这封遗书中，王国维对自己的后事有明确安排，还教导子孙当"谨慎勤俭"，依靠自己的勤劳来养活自己。特别是，王国维对自身遗体埋葬地的明确，不难看出这位国学大师对清华学校的看重。而委托陈、吴二先生整理书籍一事，又可知当时被王国维引为知己的还有两位国学大师，那就是陈寅恪和吴宓。

王国维为什么会自杀呢？当时及后世有诸多揣测，如为故国清朝殉葬一说，如不适应社会激变形势一说，如烦乱家事和友情所迫一说，如学术追求不昌明一说等等。其中殉清一说流传最为广泛，而其中原因竟来自逊位的溥仪的一道"谕旨"。

原来，王国维自沉昆明湖后第三天，他生前最敬重的良师益友兼儿女亲家罗振玉，便派四子罗福葆（字君美）于当晚九时赶到北京王家吊唁。而原本想亲自前来吊唁的罗振玉，则"因旁人恐彼来有所感或有他变，故不肯使他来京"。不过，闻知老友王国维蹈湖自尽的噩耗，罗振玉在万分愧疚和悲痛中也没有闲着，先是连夜以王国维的名义拟写一份"遗折"，然后让四子罗福葆模仿王国维笔迹予以誊抄，接着再急速呈递给当时寓居在天津张园中逊位的溥仪。逊位的溥仪接到落款王国维的这份"遗折"后，大为震惊和感动，立即"降谕"对王国维的忠贞予以嘉奖：

谕：南书房行走五品衔王国维，学问博通，躬行廉谨，由诸生经朕特加拔擢，供职南斋。因值播迁，留京讲学，尚不时来津召对，依恋出于至诚。遽览遗章，竟自沉渊而逝，孤忠耿耿，深恻朕怀。著加恩予谥忠悫，派贝子溥忻即日前往奠祭，赏给陀罗经被，并赏银贰千圆治丧，由留京办事处发给，以示朕悯惜贞臣之至意。钦此。

逊位的溥仪的这道"谕旨",由罗振玉于同年六月六日即王国维蹈湖自尽后第四天来京"宣诏"的。正是因为有了所谓王国维的"遗折"和逊位的溥仪的这道"谕旨",人们再联想到王国维当年欣喜雀跃地"奉诏"出任逊清"南书房行走"一职,遂使王国维之死顺理成章地有了"殉清"一说。当时,由于世人还不清楚溥仪这道"谕旨"出笼的内幕,更不知道还有所谓王国维的"遗折",如果人们知道王国维临终前还有这样一份"遗折"的话,那将更成为他蹈湖自尽属于"殉清"一说的铁证了。

好在,溥仪在罗振玉死后出版的那本自传《我的前半生》中,对罗振玉以凄楚哀怨的语气伪造所谓王国维"遗折"一事进行了解密,否则王国维之死属于"殉清"一说将永远也难以说清。对此,溥仪在自传中说:"王国维死后,社会上曾有一种关于国学大师殉清的传说,这其实是罗振玉做出的文章,而我在不知不觉中,成了这篇文章的合作者。"确实,溥仪在"不知不觉"中与罗振玉"合作"完成的这篇"文章",在当时及后世对研究王国维死因起到了极大的误导作用。

另外,关于王国维"殉清"一说,还因为其脑后那条具有强烈象征意义的小辫子,也多

位于清华园里的王国维纪念碑(梁思成设计)。

多少少地为"殉清"论者提供了嚼舌的根由。不过,了解王国维的人并不以为然,特别是被王国维引为知己的陈寅恪和吴宓两位先生,更有着自己精深独到的解释。他们认为,王国维脑后的那条辫子,只是传统文化人的个性使然,绝对不是外人流传的不忘清逊位的溥仪小朝廷的标记。

同时,陈寅恪和吴宓还一致认为,王国维的死是自殉于传统文化,而非外人所揣测的"殉清"等原因。关于这一点,可以从王国维自沉两年后树立在清华园内由陈寅恪先生撰写的碑铭中领会得出。全文照录这一碑铭,除了供关注王国维者研究之外,还因这一碑铭曾一度被有关人等所回避。碑铭全文如下:

海宁王先生自沉后二年,清华研究院同人咸怀思不能自已。其弟子受先生之陶冶煦育者有年,尤思有以永其念。佥曰,宜铭之贞珉,以昭示于无竟。因以刻石之词命寅恪,数辞不获已,谨举先生之志事,以普告天下后世。其词曰:士之读书治学,盖将以脱心志于俗谛之桎梏,真理因得以发扬。思想而不自由,毋宁死耳。斯古今仁圣所同殉之精义,夫岂庸鄙之敢望!先生以一死见其独立自由之意志,非所论于一人之恩怨,一姓之兴亡。呜呼!树兹石于讲舍,系哀思而不忘。表哲人之奇节,诉真宰之茫茫。来世不可知者也,先生之著述,或有时而不章;先生之学说,或有时而可商,惟此独立之精神,自由之思想,历千万祀,与天壤而同久,共三光而永光!

从这一碑铭中不难看出,陈寅恪先生否定了王国维自沉昆明湖是"殉清"或其他等外界传说等原因,还着重阐明了王国维之死是"独立自由之意志"的缘故。

这,也许应该是王国维自沉昆明湖的真正原因。

把教育办得更好
（代跋）

储朝晖

提倡教育家办学是提升中国教育品质的必由路径，令人遗憾的是，近三十年对教育的实地调查使我深感无论是在教育业内还是整个社会，对教育家的认识都是极度模糊的。

在我心存为解决这一问题做点什么的愿望时，四川教育出版社前任社长安庆国先生说他一直想出版一套《20世纪中国教育家画传》丛书而未能如愿。于是，我们决定合力将这件事做好，以期对传承、传播教育家的办学理念，促进教育家办学有所裨益。这便是这套丛书编写和出版的缘起。

在丛书编写和与各卷作者交流的过程中我体会到，一个时代是否有教育家是与两个方面相关的：一是这个时代是否需要教育家；二是这个时代是否具有产生教育家的环境。可以说任何时代都有具有教育家潜能和品质的人，但只有独立思考，并能依据其独立思考自主实行教育教学的人，才能成为教育家。因此，凡是学人能够自主的时代，出现教育家的概率就高；而在学人不能自主的时代，就不会出现教育家。如果真的期望教育家出现，就要创造教师能够自主教学，学生能够自主学习，校长能够自主办学的社会与制度环境，否则就不可能出现真正的教育家，也不可能培养出杰出人才。

教育家的认定最可靠的方式是社会认同，获得较高社会认同的教育从业者，能被社会高度认同为教育家的人就是教育家。当今尚不存在哪个专家或某个机构具有确认教育家的资质。限于条件，这套丛书还不能对所选传主通过全民投票的方式来确定，但所选的十位传主确是经过教育史专业的学者海选而产生的，他们选出了王国维、蔡元培、陶行知、张伯苓、胡适、梅贻琦、黄炎培、徐特立、陈鹤琴、晏阳初，在20世纪中国教育史上，他们发挥的教育家作用是毋庸置疑的。令我们感到惊诧的是，他们在那个年代就已经相互认识，大都有过直接交往，其中一些人之间还是挚友，这应是志同道合使然。

除了外部认同，教育家必备的内部品质有三种：一是博爱之心，执着地爱学生、爱教育工作、爱人类未来的发展；二是独立思考和不懈求新，教育已经是数千年的专业工作，不能独立思考和创新的人是难以成为教育家的；三是有从事教育工作的专业潜质，能敏锐地发现教育问题，并以独特的思考和行为解决问题。有了这三种品质，在外部条件许可的情况下就会产生诸如教育思想、办学业绩、论著等结果。

是否称得上教育家，最根本的是看他是否教人做人，能否依据学生不同的潜能、个性和志向培养出值得他自己崇拜的人。一个人的学业成绩仅仅是他成长发展的一个方面，学业成绩高并不一定就发展得好，教出考试成绩高的学生也不是教师成为教育家的垫脚石。近三十年来有不少学生得了各类国际奥林匹克奖，却未能成长为相关领域真正的专家。陶行知主张办知情意合一的教育，有一段很有针对性的话："知情意三者并非从割裂的训练中可以获取。书本教育也许可以使儿童迅速获得许多知识，神经质的教师也许可以使儿童迅速地获得丰富的感情，专制的训练也许可以使一个人获得独断的意志，但我们何所取于这样的知识，何所取于这样的感情，何所取于这样的意志？知情意的教育是整个的，统一的。知的教育不是灌输儿童死的知识，而是同时引起儿童的社会兴趣与行动的意志。感情教育不是培养儿童脆弱的感情，而是调节并启发儿童应有的感情，主要的是追求真理的感情；在感情之调节与启发中使儿童了解其意义与方法，便同时是知的教育；使养成追求真理的感情并能努力与奉行,便同时是意志教育。意志教育不是发扬个人盲目的意志,而是培养合于社会及历史发展的意志。合理的意志之培养和正确的知识教育不能分开,坚强的意志之获得和一定情况下的情绪激发与冷淡无从割裂。现在我们要求在统一的教育中培养儿童的知情意,启发其自觉,使其人格获得完备的发展。"[1]坦率地说,现在不少学校的学生成绩就是以割裂的方式获取的,这样的学校教育就不能说是真正在教育人,也不可能造就出教育家。如果不能走出这个误区,教育家的出现就永远只能是梦想,教育家办学就只会蹈空。

中外历史上所有教育家的人生旅程都是历经波折、艰难求索的过程,他们虽未自称是教育家,却都在青年时期就有高远的志向,如孔子"十有五而志于学"、陶行知"要让每个中国人都受到教育",都是普通而又高远的追求。为了实现人生目标,他们不畏权势、不为名利,"捧着一颗心来,不带半根草去",贫贱不移、富贵不淫、威武不屈、美人不动。教育家的出现首先需要有尊道抑势、以人类发展进步为己任的大胸怀,需要终生不辍的求索和行动。

教育家群体的出现需要有适宜的制度与社会环境,要让有教育家天赋的人敢想、敢干、能想、能干,这种社会条件往往不是一个人、一个机构、一个政策所能创造的。从现实状况看,教师的自主性和创造性未能得到充分发挥确是现有教育管理体制的缺陷,而改变现有体制使更多的人能遵循教育内在规律更高效地工作,就是应该尽快解决的实际问题。

这套丛书突出传主的教育思想、办学理念、办学实践,尤其凸显传主的教育家精神,希望真正激励一批有志教育的人成为教育家,切实有效地推动中国的教育家办学进程。

---

[1]陶行知:《育才学校教育纲要草案》,《陶行知全集》(第4卷),四川教育出版社2009年版,第382~383页。

这一想法的实施是一项艰巨的任务。黄延复先生因与我都有弘扬大学精神的共同心愿而成为忘年之交，在《梅贻琦画传》的写作过程中，我俩仅打过几次电话，便能对对方的想法灵犀相通。在他的指导下，青年学者钟秀斌领悟得很到位，花一年多时间完成了《梅贻琦画传》书稿。年近八旬的戴永增先生，二十多年如一日地进行徐特立研究，我俩因此而成为无话不说的老朋友。说起徐特立，他就像做专题报道，滔滔不绝、如数家珍。为了《徐特立画传》的编写，他亲自找到北京理工大学郭大成书记，要求将这一工作列为该校的一个科研项目；同时他再三鼓励、全力帮助以靳贵珍老师为主的青年学者写作，提携后辈不遗余力。当书稿完成后他在电话中明确坚定地告诉我自己不署名。著名青年传记作家窦忠如在时间很紧的情况下承担了《王国维画传》的写作任务，显现出对大师的诚敬和对弘扬教育家精神的担当。华东师范大学中国史学研究所房鑫亮教授和他的博士生徐旭晟对《王国维画传》的写作也给予了支持。这本身就是本套丛书所追求的精神境界之一。

对本套丛书给予直接帮助的个人和团体还有：中国人民大学教授程方平，中国教育研究院徐卫红、夏辉映，北京师范大学教授顾明远、孙邦华，北京理工大学教育研究院，在此一并致谢。此外，由于本套丛书参考的文献浩繁，标注的引文及参考文献或属挂一漏万，对于这种情况，我们在此一并致歉并致谢！

在本套丛书即将出版之际，真诚感谢对各位传主研究有素的专家乐意担任各分册作者。在这个作者队伍当中，既有与我交往数十年的老朋友，也有为完成这次任务而结识的新朋友。在编写和出版这套丛书的基本理念上，我们在认识上高度一致，在情感上高度愉悦，遇到各种困难能够设法克服，较好地保证了这套丛书的内容深度和质量。在此，尤其要感谢前辈学者黄延复、宋恩荣、梁吉生、戴永增、金林祥诸位先生，他们有人和我交谈时说这次的写作是绝笔之作，更令我肃然起敬且感到难以担当，但愿我们的真诚能有助于读者更好地领会各位教育家的精神真谛，碰撞出当今社会更多的真诚，把教育办得更好。

四川教育出版社现任社长雷华、总编辑胡宇红、副社长李晓翔和王积跃对整套书的出版给予了大力支持；张纪亮主任和各位责任编辑为丛书出版花费了大量精力；同时我的爱人胡翠红做了大量资料查阅、梳理工作。在此一并致以诚挚的谢意！

尽管本人及各位作者在写作时尽了最大努力，但丛书的缺点和不足在所难免，恳请方家和读者批评指正，所提意见可直接发到我的邮箱：chu.zhaohui@163.com，在此先致谢忱。

2012年3月28日